U0607448

新媒体时代高校思政教育创新发展研究

邱 燕◎著

新华出版社

图书在版编目（CIP）数据

新媒体时代高校思政教育创新发展研究 / 邱燕著.
北京：新华出版社，2024.12. -- ISBN 978-7-5166
-7811-4

Ⅰ.G641

中国国家版本馆CIP数据核字第2025673Q9C号

新媒体时代高校思政教育创新发展研究

著者： 邱燕
出版发行： 新华出版社有限责任公司
（北京市石景山区京原路8号　邮编：100040）
印刷： 三河市中晟雅豪印务有限公司

成品尺寸： 170mm×240mm，1/16　　**印张：** 15　　　**字数：** 210千字
版次： 2025年2月第1版　　　　　**印次：** 2025年2月第1次印刷
书号： ISBN 978-7-5166-7811-4　　**定价：** 68.00元

版权所有·侵权必究
如有印刷、装订问题，本公司负责调换。

微店

视频号小店

抖店

京东旗舰店

请加我的企业微信
小新
新华出版社
扫码添加专属客服

微信公众号

喜马拉雅

小红书

淘宝旗舰店

前　言

在新时代的浪潮中，新媒体如同一股不可阻挡的力量，以其独特的魅力迅速渗透到社会的每一个角落，不仅改变了人们的生活方式、思维方式和信息获取方式，更对教育领域产生了深远的影响。高校作为培养未来社会栋梁的重要阵地，其思想政治教育在新媒体时代背景下面临着前所未有的机遇与挑战。本书正是基于这一时代背景，深入探讨新媒体与高校思政教育的融合路径，旨在为新时代高校思政教育的创新发展提供理论支撑与实践指导。

新媒体，一个伴随着互联网技术发展而兴起的概念，以其交互性、即时性、海量性、共享性等特点，打破了传统媒体的信息传播界限，构建了一个全新的信息传播生态。在这个生态中，每个人都是信息的接收者，也是传播者，信息的流动变得前所未有的自由与快捷。对于高校思政教育而言，这既是一个充满无限可能的机遇，也是一个必须直面应对的挑战。

机遇在于，新媒体为思政教育提供了更为广阔的平台和更为丰富的手段。通过微博、微信、短视频、直播等多种形式，思政教育可以更加贴近学生生活，以更加生动、形象的方式传递正能量，增强教育的吸引力和感染力。同时，新媒体的互动性使思政教育不再是单向灌输，而是双向乃至多向的交流，有助于提升学生的参与度和主动性，促进教育效果的深化。

挑战则主要体现在信息环境的复杂化上。新媒体的开放性导致了信息来源的多元化，各种思潮、观点、价值观念在网络上交织碰撞，其中不乏错误、消极甚至有害的信息。这对于正处于价值观形成关键时期的大学生来说，无疑是一场严峻的考验。如何在纷繁复杂的信息海洋中保持清醒的头脑，坚守正确的政治方向和价值观念，成为新媒体时代高校思政教育必须解决的重要课题。

高校思想政治教育作为党的思想政治工作体系中的关键构成部分，肩负着培育社会主义建设者与接班人，引领大学生构建正确世界观、人生观以及价值观的历史重任。在新媒体时代的宏观背景下，这一使命不仅未曾弱化，反而愈发彰显其重要性。

一方面，随着全球化进程的加快和社会改革的深入，各种社会矛盾和问题不断涌现，大学生的思想意识更加复杂多变。这就需要高校思政教育更加注重针对性和实效性，通过深入细致的思想工作，帮助学生认清形势，明辨是非，坚定信仰，树立正确的价值取向。

另一方面，新媒体的快速发展为思政教育提供了新的技术手段和传播渠道，但同时也对思政教育工作者的媒介素养、创新能力提出了更高的要求。如何有效利用新媒体资源，创新教育方式方法，使思政教育更加符合时代特点和学生需求，成为摆在我们面前的一项紧迫任务。

本书旨在系统研究新媒体时代高校思政教育的创新问题，通过深入分析新媒体的特点及其对思政教育的影响，探讨新媒体时代高校思政教育创新的理论基础、实践路径和保障措施。具体而言，本书围绕以下几个核心问题展开：

1. 新媒体时代高校思政教育面临的新机遇与新挑战是什么？通过对比分析新媒体与传统媒体的不同特点，揭示新媒体给思政教育带来的深刻变革，以及在这一变革中思政教育所面临的机遇与挑战。

2. 新媒体时代高校思政教育创新的理论基础是什么？从教育学、传播学、心理学等多学科视角出发，构建新媒体时代高校思政教育创新的理论框架，为实践创新提供理论支撑。

3. 如何保障新媒体时代高校思政教育的创新实施？从传媒应用、平台建设、媒介素养提升、监督机制完善等多个方面提出具体的保障措施，确保思政教育创新的有效推进。

4. 新媒体时代高校思政教育创新的策略有哪些？结合实际案例，提出资源整合、思维转换、结构优化、话语变革、内容创新等具体策略，为高校思政教育工作者提供可操作的实践指南。

5. 如何实现新媒体时代高校思政教育的融合创新？探讨高校思政教育与网络、美育、传统文化等领域的融合路径，推动思政教育的跨界合作与创新发展。

本书的研究不仅具有重要的理论价值，而且具有鲜明的实践意义。它不仅能够为新媒体时代高校思政教育的理论研究提供新的视角和思路，而且能够为高校思政教育工作者提供实用的操作指南和案例参考，推动高校思政教育的创新发展。

本书的写作力求语言平实、逻辑清晰、内容丰富、案例生动，既适合高校思政教育工作者阅读学习，也适合对新媒体时代思政教育感兴趣的研究者参考借鉴。希望本书的出版，能够进一步推动新媒体时代高校思政教育的创新发展，为培养德智体美劳全面发展的社会主义建设者和接班人贡献一份力量。

目 录

第一章　新媒体与高校思政教育

第一节　新媒体概述

一、新媒体的定义与特点

（一）新媒体的互动性

新媒体的互动性是其最为显著的特点之一，它彻底颠覆了传统媒体时代信息传播的单向性，使信息的接收者同时也是信息的传播者和创造者。互动性的提升，不单单拓展了信息传播的路径，更在深层次上革新了大众获取、分享与交流信息的模式，催生出一个全民踊跃参与、多元深度互动的传播新生态。

1.用户参与度的提升

在新媒体平台上，用户可以随时随地通过社交媒体、论坛、博客、视频分享平台等多种渠道，以文字、图片、视频、音频等多元化的形式，发表个人见解，分享生活点滴，参与热点讨论。以社交媒体为例，一个热点事件或话题的爆发，往往能迅速吸引大量用户的关注和参与，形成声势浩大的讨论浪潮。用户的每一条评论、每一次转发，都是对原信息的补充、解读或再创造，使信息传播的内容更加丰富多元，角度更加全面立体。这种全民参与的信息传播模式，增强了信息的传播力，提升了信息的价值和影响力，新媒体因此成为社会舆论的重要发源地。

2.反馈机制的即时性

新媒体的互动性还体现在其即时反馈机制上，这是新媒体相较于传统媒体的一大显著优势。在传统媒体时代，信息的反馈往往需要通过信件、电话等相对烦琐的方式进行，反馈周期长，效率低下。而新媒体则通过点赞、评论、转发、私信等多种即时反馈方式，实现了信息的快速流通和高效互动。

用户的每一次点赞，都是对内容创作者的认可和鼓励；每一条评论，都是对信息的补充和质疑；每一次转发，都是对信息的扩散和传播。这些即时反馈为内容创作者提供了宝贵的用户反馈和市场洞察，促进了用户之间的交流和讨论，形成了信息的良性循环和持续发酵。

更重要的是，新媒体的即时反馈机制还具有很强的社交属性。用户的反馈行为是对内容的直接反应，也是对其他用户的一种信息提示和社交信号。当一条信息获得大量点赞、评论和转发时，往往会吸引更多用户的关注和参与，从而形成信息的病毒式传播和社交裂变效应。这种基于即时反馈的社交互动增强了信息的传播效果，促进了社交网络的构建和巩固。

3.社群的形成与互动

新媒体的互动性还促进了各种社群的形成和互动，这是新媒体社会价值的重要体现。基于共同的兴趣、爱好、需求或价值观，用户可以在新媒体平台上找到志同道合的人，形成特定的社群或圈子。在这些社群中，用户之间的互动更加频繁、深入和真诚，形成了一种基于共同价值观的社交网络和文化氛围。

社群为用户提供了更加精准、高效的社交体验，为内容的创作和传播提供了广阔的空间。在社群中，用户可以更加自由地表达自己的观点和感受，与其他成员进行深入的交流和讨论。同时，社群也成为内容创作者的重要粉丝基地和创作灵感来源。通过社群的互动和反馈，内容创作者可以更好地了解用户需求和市场动态，从而创作出更加符合用户口味和市场需求的内容。

（二）新媒体的个性化

1.用户画像的构建

在新媒体时代，用户的信息需求呈现出前所未有的多元化特征。面对海量的信息内容，用户往往希望能够在最短的时间内获取到能满足自己兴趣和需求的信息。为了满足这一需求，新媒体平台通过大数据、人工智能等先进技术，实现了对用户需求的精准识别，而这一切的基础便是用户画像的构建。

用户画像，简而言之，就是对用户进行全方位、多维度的数据描述。新媒体平台通过收集用户的浏览记录、搜索历史、购买行为、社交互动等多方面的数据，运用数据分析、机器学习等手段，将这些数据整合、分析，最终形成对用户的全面认知。这些画像不仅包括了用户的基本信息，如年龄、性别、地域等，更重要的是揭示了用户的兴趣偏好、消费习惯、社交关系等深层次特征。

用户画像的构建，为新媒体平台提供了精准定位用户的基础。通过用户画像，新媒体能够清晰地了解用户的喜好和需求，从而为用户提供更加精准、个性化的信息和服务。例如，在新闻推送方面，新闻客户端可以根据用户的阅读习惯和兴趣偏好，为用户定制专属的新闻列表，确保用户每次打开应用都能看到自己感兴趣的内容。在广告营销方面，广告主可以通过用户画像，精准定位目标受众，实现广告的精准投放，提高广告效果。

2.个性化内容推荐

基于用户画像，新媒体平台能够为用户提供个性化的内容推荐，这是新媒体个性化服务的重要组成部分。在新媒体时代，信息内容浩如烟海，用户往往面临着信息过载的问题。如何帮助用户从海量的信息中筛选出最符合其兴趣和需求的内容，成为新媒体平台需要解决的重要问题。

个性化内容推荐技术的出现，有效地解决了这一问题。通过用户画像和推荐算法的结合，新媒体平台能够根据用户的兴趣偏好、阅读历史等信息，为用户推荐最符合其需求的、满足其兴趣的内容。

3.定制化服务

除了个性化内容推荐，新媒体平台还在在线教育、电商购物、健康管理等多个领域推出了一系列定制化服务，以满足用户更深层次的个性化需求。

在在线教育领域，新媒体平台基于用户的学习进度和能力，为其量身定制学习计划。平台利用智能技术分析用户的学习数据，精准识别学习习惯和薄弱环节，进而提供有针对性的学习资源和辅导。这种定制化的学习方式能够显著提升用户的学习效率，增强用户的学习动力和自信心。

在电商购物领域，新媒体平台结合用户的购物历史和偏好，为其推荐个性化的购物建议。平台借助用户画像和购物数据，深入分析用户的购物习惯和喜好，从而精准推荐符合需求的商品和优惠信息。用户能够更便捷地找到心仪商品，节省了很多购物时间和精力。

（三）新媒体的实时性

在新媒体时代，信息传播的速度得到了极大的提升，用户可以第一时间掌握最新动态，这对于突发事件、重大新闻等的传播具有重要意义。

1.信息传播速度的加快

新媒体的实时性，首先体现在信息传播速度的极大提升上。在传统媒体时代，信息传播受限于印刷、发行、广播或电视播报的物理过程，即便是最紧急的新闻，也需要经过一系列的制作和发布流程才能到达受众。然而，在新媒体时代，这一切发生了翻天覆地的变化。互联网技术，特别是移动互联网的普及，使信息传播几乎实现了零延迟。

新媒体平台，如社交媒体、新闻应用、在线视频平台等，利用高效的服务器和遍布全球的互联网基础设施，能够在事件发生的瞬间，将信息以光速传播到世界的每一个角落。无论是地震、洪水等自然灾害的紧急通报，还是政治事件、体育赛事的即时报道，新媒体都能确保用户几乎与事件同步获取到最新信息。这种前所未有的传播速度，不仅极大地缩短了信息传播的时间差，更在紧急情况下，为救援行动、公众预警等提供了宝贵的"黄金时间"。

此外，新媒体的实时性还体现在信息的持续更新上。传统媒体的报道往往是静态的，一旦发布便难以即时修改或补充。而新媒体则不同，它可以随着事件的发展不断更新内容，甚至进行直播报道，让用户能够实时追踪事件的最新进展，满足用户对信息深度和广度的需求，提升信息的时效性和准确性。

2.用户获取信息的及时性

新媒体的实时性对用户而言，意味着他们可以第一时间获取到最新的信息，这对于个人决策和行动具有至关重要的影响。在快节奏的社会生活中，信息的及时性直接关系到个人的竞争力、反应速度和决策质量。

以股市交易为例，投资者需要实时掌握市场动态、政策变化、公司业绩等关键信息，以便迅速做出买卖决策。新媒体平台通过提供即时财经新闻、市场分析报告、专业投资者的评论等，为投资者构建了一个信息高速通道。投资者可以随时随地通过手机、电脑等终端设备获取到最新的股市信息，从而及时调整投资策略，把握市场机遇。

3.舆论引导的及时性

新媒体的及时性体现在舆论引导的及时性上。在重大事件发生时，新媒体平台往往成为公众获取信息、表达意见的首选渠道。官方机构、媒体机构可以通过新媒体迅速传递官方声音，澄清事实真相，引导舆论走向，避免谣言和误解的扩散。

例如，在发生地震等突发灾害时，政府可以通过新媒体平台及时发布救援进展、防疫措施等信息，稳定公众情绪，增强社会信心，还可以通过用户的反馈和讨论，及时了解公众的意见和诉求，为政府和企业提供决策参考。

这种双向的信息交流机制有助于提升政府决策的透明度和科学性，增进公众对政府工作的理解和支持。

新媒体的实时性还为舆论监督提供了有力支持。公众可以通过新媒体平台对政府部门、企业机构的工作进行实时监督，提出批评和建议，推动政府和企业更加高效地工作，更加公正地处理事务，从而维护社会的公平和正义。

（四）新媒体的多样性

1.内容形式的多样化

新媒体的多样性首先体现在其内容形式的丰富多样上，这构成了新媒体独特的魅力与优势。在传统媒体时代，信息传播主要依赖于文字、图片和少量的音频、视频，形式相对单一。然而，新媒体的兴起彻底改变了这一格局，它像一块无限延伸的创意画布，为内容创作者提供了前所未有的表达空间。

文字，作为信息传播的基础元素，在新媒体中依然占据重要地位，但已不再是唯一的形式。图片，以其直观、生动的特性，成为吸引眼球、传递情感的有力工具。音频，让声音成为信息的载体，无论是播客、有声书还是音乐，都能以声音为桥梁，连接创作者与听众的心灵。而视频，则是新媒体时代最引人注目的内容形式，从短视频的爆火到长视频的深度挖掘，视频以其强大的视觉冲击力和叙事能力，成为新媒体内容创作的主流。

2.用户体验的丰富化

新媒体的多样性不仅体现在内容形式上，更深刻地影响了用户体验。在新媒体时代，用户不再满足于单一的阅读体验，他们渴望获得更加丰富、立体的感官享受。新媒体平台通过整合多种内容形式，为用户打造了一场场视觉、听觉乃至触觉的感官盛宴。

文字与图片的巧妙结合，让信息更加生动、形象；音频的加入，让内容有了声音，增强了情感的传递。而视频，则是这场感官盛宴的重头戏，无论是高清的画面、动感的音乐，还是引人入胜的剧情，都能让用户沉浸其中，享受前所未有的视听体验。新媒体平台还以点赞、评论、分享、投票等互动设计，吸引用户参与内容创作。用户愿意花更多时间在新媒体上，探索、发现、分享，形成了一个充满活力的内容生态。

3.内容创新的推动

内容创作者不再受限于传统的创作框架和模式，他们可以自由地挥洒创意，尝试新的内容形式和表达方式。一方面，新媒体的多样性为内容创作者提供了更多的创作素材和灵感来源。他们可以从不同的文化、艺术、科技等领域汲取营养，将其自己的创作，形成独特的内容风格。另一方面，新媒体平台上的用户反馈和互动数据，也为内容创作者提供了宝贵的参考，帮助他们了解用户的喜好和需求，从而调整创作方向，提升内容的质量和吸引力。

二、新媒体的类型与发展趋势

（一）融合与创新

当前，各种新媒体形式之间的界限日益模糊，融合与创新成为推动新媒体生态多元化发展的重要动力。这一趋势不仅体现在新媒体平台的功能拓展上，更深刻地改变了信息传播的方式和用户的行为习惯。

1.跨平台融合

跨平台融合成为推动媒体生态多元化发展的显著特征。随着移动互联网、大数据、云计算等技术的飞速发展，新媒体平台之间的界限正被逐渐打破，用户得以在不同平台间自由穿梭，享受无缝衔接的信息服务体验。这一融合趋势不仅体现在平台功能的相互渗透上，更深刻地改变了信息传播的方式和用户的行为习惯。

以社交媒体平台为例，微信、微博等原本以文字、图片为主要传播媒介的平台，如今已深度融合了短视频、直播等多媒体功能。用户无需切换应用，即可在同一平台上满足多样化的信息需求，从即时新闻到娱乐短视频，从深度文章到实时直播，应有尽有。这种跨平台的融合极大地提升了用户的使用体验、丰富了新媒体平台的内容生态。

新闻客户端同样在跨平台融合方面进行了积极探索。传统新闻报道以文字和图片为主，而现在，越来越多的新闻客户端开始尝试通过短视频、直播等形式进行新闻报道，使信息传播更加生动、直观。用户可以通过短视频快速了解新闻事件现场，通过直播实时参与新闻讨论，增强了参与感和互动性。

2.内容形式的创新

融合与创新是新媒体生态多元化发展的重要推动力，而内容形式的创新则是这一推动力的具体体现。在新媒体平台上，除了传统的文字、图片外，短视频、直播等新型内容形式层出不穷，为用户提供了更加丰富、多元的信息呈现方式。

短视频以其短小精悍、易于传播的特点，迅速成为新媒体平台上的热门内容形式。抖音、快手等短视频平台通过算法推荐、用户互动等方式，为用户提供了个性化的短视频内容，满足了用户碎片化的信息需求。同时，短视频也成为用户展示才华、分享生活的重要渠道，激发了用户的创造力和参与热情。

直播则以其实时性、互动性的优势，成为新媒体生态中不可或缺的一部分。用户可以通过直播平台观看各种实时事件，如体育赛事、演唱会、新闻发布会等，感受现场的氛围和激情。同时，直播也为用户提供了与主播、其他观众实时互动的机会，增强了信息传播的时效性和互动性。

虚拟现实、增强现实等新型内容形式则为新媒体生态带来了更加沉浸式的体验。用户可以通过虚拟现实设备进入虚拟世界，感受身临其境的奇妙体验；增强现实技术则可以将虚拟元素与现实世界相结合，为用户带来更加丰富的视觉体验。这些新型内容形式不仅拓展了新媒体的边界，也为用户提供了更加多元化、个性化的信息呈现方式。

3.技术驱动的融合

技术的不断进步是推动新媒体融合与创新的关键力量。大数据、人工智能、云计算等技术的应用，为新媒体平台提供了强大的数据处理和存储能力，支持大规模用户的同时在线。

人工智能技术的应用则使新媒体平台能够更加智能地处理用户输入和输出。例如，智能语音助手可以识别用户的语音指令，为用户提供便捷的语音交互服务；自然语言处理技术则可以分析用户的文本输入，理解用户的意图和需求，为用户提供更加精准的回复和建议。这些人工智能技术的应用不仅提高了新媒体平台的智能化水平，也增强了用户的交互体验和满意度。

（二）个性化推荐

个性化推荐是新媒体发展的另一大趋势。借助大数据和人工智能技术，新媒体平台能够更精准地分析用户的兴趣和行为习惯，为用户提供个性化的内容推荐和服务，提高用户的信息获取效率，增强用户对平台的忠诚度。

1.用户画像的构建

（1）数据收集与整合。个性化推荐的首要步骤是构建详尽且准确的用户画像，这一过程始于数据的收集与整合。新媒体平台通过多种渠道搜集用户信息，包括但不限于浏览记录、搜索历史、购买行为、互动数据（如点赞、评论、分享）、地理位置信息以及设备使用习惯等。这些数据如同拼图碎片，共同勾勒出用户的兴趣轮廓。为了更全面地理解用户，平台还会利用第三方数据源，如社交媒体资料、公开可获取的信息等，进行数据的交叉验证与补充，以期获得更为精准的用户画像。

（2）特征提取与建模。收集到的原始数据需要经过清洗、去重、标准化等预处理步骤，随后通过机器学习算法提取关键特征，如用户偏好、消费能力、活跃时段等。这些特征被用来构建用户模型，该模型能够预测用户对于不同类型内容的偏好程度。随着算法的不断迭代优化，用户模型的精确度会逐步提升，从而更准确地反映用户的真实需求和行为模式。

（3）隐私保护与合规性。在用户画像构建的过程中，隐私保护是一个不可忽视的重要环节。平台需严格遵守相关法律法规，如《个人信息保护法》等，确保数据收集、存储、处理的合法性与正当性。同时，实施透明的数据政策，明确告知用户数据将如何被使用，并提供足够的控制权给用户，允许他们查看、修改甚至删除自己的数据。通过加密技术、匿名化处理等手段，保护用户数据的安全，避免泄漏风险，实现个性化推荐与隐私保护之间的平衡。

2.精准的内容推荐

（1）算法驱动的个性化推送。基于构建好的用户画像，新媒体平台利用推荐算法（如协同过滤、深度学习模型等）为用户生成个性化的内容推荐列表。这些算法能够分析用户的历史行为，识别出用户的潜在兴趣点，并据此推送最可能吸引用户的内容。无论是新闻资讯、视频娱乐、商品推荐还是社交动态，都能实现"千人千面"的个性化展示，极大地提升了信息获取的效率和相关性。

（2）实时性与动态调整。个性化推荐并非一成不变，而是随着用户行为的变化而动态调整。平台通过实时监测用户的最新活动，如新浏览的内容、新加入的购物车商品等，快速更新用户画像，确保推荐内容始终贴近用户的当前需求。此外，利用强化学习等技术，平台还能根据用户的即时反馈（如点击、停留时间、转化率等）不断优化推荐策略，实现更加精准的个性化推荐。

（3）场景化推荐与情境感知。除了基于用户画像的推荐外，新媒体平台还越来越注重场景化的推荐策略。通过分析用户所处的具体场景（如时间、地点、天气、节日等），结合用户的偏好，提供更加贴合当前情境的推荐内容。比如，在周末早晨推送轻松的娱乐内容，或在雨天推荐适合室内活动的信息，这种细致入微的关怀进一步增强了用户体验。

3.个性化的服务体验

个性化推荐不仅仅局限于内容，更延伸至服务的各个领域。例如，在线教育平台根据学生的学习进度和能力，定制个性化的学习计划，提供针对性的学习资源；健康应用根据用户的身体状况和运动习惯，推荐适合的锻炼计划和饮食建议。这种定制化的服务体验，让用户感受到被重视和尊重，增强了其对平台的依赖和忠诚度。

随着人工智能技术的发展，新媒体平台纷纷引入智能助手，通过自然语言处理、语音识别等技术，实现与用户的智能化交互。这些助手能够根据用户的指令或询问，提供个性化的解答和服务，如查询天气、设置提醒、预订机票等。智能助手的加入，不仅简化了操作流程，还提升了服务的响应速度和准确性，为用户带来更加流畅和便捷的个性化体验。

新媒体平台还通过构建个性化社区和社交圈，进一步丰富用户的个性化体验。基于用户的兴趣和社交关系，平台推荐相似兴趣的用户或群组，鼓励用户参与讨论、分享经验，形成独特的社区文化。这种社交化的个性化推荐，不仅增强了用户的归属感和参与度，还促进了内容的多元化和创新，为平台注入了持续的活力。

（三）移动优先：适应移动互联网时代的需求

随着智能手机的普及和移动互联网的发展，越来越多的用户通过移动设备访问新媒体平台。因此，新媒体平台在内容制作、界面设计等方面都需要充分考虑移动设备的特点和用户需求，实现移动优先的策略。

1.移动设备的优化

在移动互联网时代，用户使用的设备种类繁多，从智能手机到平板电脑，屏幕尺寸和分辨率各异。因此，新媒体平台首要任务是采用响应式设计原则，确保内容能够自适应不同设备的屏幕大小，无论是横屏还是竖屏，都能提供清晰、易用的界面。此外，跨平台兼容性也至关重要，平台需确保在 iOS、Android、Windows 等多种操作系统上均能流畅运行，避免因系统差异导致的用户体验下降。通过采用现代的 Web 技术和框架，如 HTML5、CSS3、React

Native 等，可以实现一次开发，多平台适配，有效降低开发成本，提升维护效率。

移动设备用户往往对加载速度有着更高的期望，因为他们在任何时间、任何地点都可能访问内容。因此，新媒体平台必须重视性能优化，包括图片压缩、代码精简、缓存策略、服务器响应时间优化等。通过采用懒加载技术，只在用户滚动到页面相应部分时才加载图片或视频，可以显著减少初始加载时间。同时，利用内容分发网络（CDN）加速内容传输，确保全球各地的用户都能享受到快速、稳定的访问体验。此外，定期监测和分析性能数据，及时调整优化策略，也是保持高性能的关键。

移动设备的主要输入方式是触摸，这要求新媒体平台在设计时必须充分考虑触控操作的便捷性和准确性。界面元素应足够大，间距合理，避免误触；按钮和链接应有明显的视觉反馈，如颜色变化、动画效果等，以增强用户的操作感知。同时，利用手势识别技术，如滑动、捏合、双击等，可以丰富交互方式，提升用户体验。在设计过程中，还应遵循用户习惯，将最常用的功能放在易于触及的位置，减少用户操作步骤，提高使用效率。

2.移动内容创作

随着移动互联网的发展，短视频和直播已成为新媒体内容的重要形式。它们以其短小精悍、易于传播的特点，完美契合了移动设备用户注意力集中时间短、追求即时满足的心理。新媒体平台应积极鼓励和支持创作者生产高质量的短视频和直播内容，涵盖新闻、娱乐、教育、生活等多个领域，满足不同用户的兴趣需求。同时，通过算法推荐，将最符合用户偏好的内容推送到他们面前，提高内容的触达率和观看率。

在移动设备上，纯文本内容往往难以吸引用户的注意力。因此，新媒体平台应倡导图文结合的内容形式，利用图片、图表、动图等元素，使内容更加生动有趣，易于理解。同时，考虑到移动设备屏幕的限制，内容应尽可能轻量化，避免长篇大论，突出核心信息，使用简洁明了的语言，确保用户能够在短时间内获取所需内容。此外，利用富媒体技术，如音频、视频嵌入，可以进一步提升内容的丰富性和互动性。

移动设备的个人化特征使用户对内容的个性化需求日益增强。新媒体平台应利用大数据和人工智能技术，分析用户的阅读历史、兴趣偏好、地理位置等信息，为每位用户提供定制化的内容推荐。同时，鼓励内容创作者探索多样化的题材和风格，满足用户多元化的阅读需求。通过设立专栏、专题、系列文章等形式，引导用户深入探索感兴趣的内容领域，增强用户的黏性和忠诚度。

3.移动支付的集成

移动支付已成为人们日常生活中不可或缺的一部分，新媒体平台在集成支付功能时，应优先考虑支持支付宝、微信支付、Apple Pay、Google Pay 等主流支付方式，覆盖尽可能多的用户群体。通过简化支付流程，如一键支付、免密支付等，降低用户的操作难度，提高支付成功率。同时，确保支付过程的安全性，采用加密技术保护用户隐私和资金安全，增强用户的信任感。

除了传统的商品购买，新媒体平台还可以将移动支付应用于更多场景，如会员订阅、内容打赏、虚拟商品购买、活动门票预订等。通过拓展支付场景，不仅增加了平台的收入来源，也提升了用户的参与度和活跃度。此外，结合平台特色，推出专属的支付优惠活动，如满减、折扣、积分兑换等，可以进一步激发用户的消费欲望，促进交易量的增长。

完成支付只是交易的一部分，新媒体平台还应重视支付后的服务体验。例如，提供详细的订单查询、物流跟踪、售后服务等功能，让用户能够随时了解自己的交易状态。同时，建立有效的用户反馈机制，及时处理用户在支付过程中遇到的问题，提升用户满意度。通过不断优化支付流程和服务，打造顺畅、便捷的支付体验，是新媒体平台吸引和留住用户的关键。

三、新媒体对社会的影响

新媒体的普及和发展对社会产生了深远的影响，这些影响涉及社会凝聚力、信息技术水平、社会责任感等多个方面。

（一）增强社会凝聚力

新媒体的兴起，无疑为社会凝聚力的增强提供了强大的助力。在这个信息爆炸的时代，新媒体平台以其便捷性、即时性和互动性，成为人们沟通交流的重要工具，不仅拉近了个体与个体之间的距离，更在某种程度上重塑了社会关系的网络结构。

1.促进信息的快速流通

新媒体平台以其独特的即时传播特性，彻底改变了信息传播的传统模式。微博、微信、抖音等社交媒体平台，使信息从产生到传播再到接收的整个过程变得异常迅速。一个热点事件，从发生到全民皆知，往往只需要几分钟甚至几秒钟的时间。这种前所未有的信息传播速度，不仅极大地缩短了人与人之间的距离，还使社会事件能够迅速引发公众的共鸣和关注，从而形成强大的社会舆论力量，使信息能够覆盖到更广泛的人群，无论是城市还是乡村，无论是年轻人还是老年人，都能通过新媒体获取到最新的信息，感受到社会的脉搏。

新媒体平台上的信息内容包罗万象，从国际政治到日常生活，从科技前沿到文化艺术，无所不包，可满足人们不同的信息需求。人们在同一平台上获取到多元化的信息，从而拓宽了视野，增强了社会的整体感。新媒体平台还鼓励用户创造和分享自己的内容，这种用户生成内容的模式，进一步丰富了新媒体平台的信息库，使信息更加贴近人们的生活。

新媒体平台的互动性使信息传播不再是单向的，而是双向甚至多向的。用户可以在接收到信息后，立即进行评论、转发、点赞等操作，表达自己的观点和态度。这种互动性不仅增强了用户之间的交流和互动，还使信息传播者能够及时获取到受众的反馈，从而调整传播策略，提高信息传播的效果。同时，新媒体平台上的这种即时反馈机制，也为社会事件的快速响应和处理提供了可能，使社会问题能够在第一时间得到关注和解决。

2.构建多元化的社交圈层

新媒体平台打破了传统社交的地理和时间限制，使人们可以根据自己的兴趣、爱好、职业等多元因素，加入不同的社群。这些社群可能是一个兴趣小组，可能是一个行业论坛，也可能是一个地域性的社交圈子。这种多元化的社交圈层不仅满足了人们不同的社交需求，还使人们能够在更小的范围内找到志同道合的朋友，分享生活、交流思想、寻求帮助。

在新媒体平台上，每个人都可以是信息的发布者和接收者，这种平等化的社交关系使人们能够更加自由地表达自己的观点和想法，而不必受到身份、地位等因素的限制。同时，新媒体平台的去中心化特性也使信息不再集中于某一特定的个体或机构，而是分散在众多的用户手中，这种分散化的信息传播方式不仅增强了信息的多样性和丰富性，还使社交关系更加平等和民主。

新媒体平台为人们提供了丰富多样的社交活动，如线上聊天、视频通话、直播互动、线上游戏等，能够满足人们不同的社交需求。同时，新媒体平台还鼓励用户参与各种社交活动，如线上竞赛、话题讨论、公益活动等，以增强用户之间的互动和联系，促进社会成员之间的理解和尊重。

3.激发公共参与意识

新媒体平台为公众提供了表达政治意见、参与政治决策的便捷渠道。通过在线投票、民意调查、政策讨论等方式，公众可以更加直接地参与政治生活，表达自己的观点和诉求。

新媒体平台是社会公益事业的重要推动者和参与者。通过在线募捐、志愿服务招募、公益项目推广等方式，新媒体平台能够迅速汇聚社会各界的爱心和力量，为弱势群体提供帮助和支持，同时还能监管公益资金是否被合理使用。

新媒体平台是文化传承和创新的重要载体。通过短视频、直播、图文等形式，新媒体平台能够生动形象地展示传统文化的魅力和价值，吸引更多年轻人的关注和参与。同时，新媒体平台还鼓励用户对传统文化进行创新和改编，使其更加符合现代社会的审美和需求。

（二）提升信息技术水平

新媒体的快速发展是信息传播方式的变革，也是信息技术水平不断提升的催化剂。为了满足用户日益增长的需求，新媒体平台不断引入新技术、优化服务功能，推动整个信息技术行业的持续发展和创新。

1.推动信息技术的研发与应用

新媒体平台面对的是数以亿计的用户，每天产生着海量的数据，包括用户行为数据、内容消费数据、社交互动数据等。为了高效处理这些庞大数据，云计算技术应运而生并迅速成为新媒体行业的核心支撑。云计算提供了弹性可扩展的计算资源和存储能力，使新媒体平台能够根据用户需求的波动灵活调整资源分配，确保服务的稳定性和响应速度。云计算还支持大数据分析，帮助新媒体平台精准描绘用户画像，实现个性化推荐和内容定制，极大地提升了用户体验。

大数据技术在新媒体领域的应用，不仅限于数据的收集和存储，更重要的是对数据的深度分析和挖掘。新媒体平台可以运用大数据算法洞察用户偏好、预测流行趋势、评估内容效果，为内容创作、广告投放、产品优化提供科学依据。例如，基于用户浏览历史和互动行为，新媒体平台可以构建个性化推荐系统，让用户更容易发现感兴趣的内容，从而提高用户黏性和活跃度。大数据技术的不断进步，正逐步揭开数据背后的秘密，为新媒体行业的创新发展提供无限可能。

人工智能（Artificial Intelligence，AI）技术的融入，让新媒体平台变得更加智能和高效。从内容创作到分发，从客户服务到安全管理，人工智能技术无处不在。智能写作助手能够根据给定的主题自动生成文章或新闻摘要，减轻内容创作者的工作负担；智能语音识别和合成技术，让语音交互成为可能，提升了用户的互动体验；而基于机器学习的内容审核系统，则能有效识别并过滤不良信息，维护网络环境的健康。人工智能技术的不断创新和应用，正深刻改变着新媒体行业的生态格局。

2.促进信息产业的升级与转型

（1）传统媒体的数字化转型。对新媒体的冲击，传统媒体纷纷寻求数字化转型之路。报纸、电视、广播等传统媒介，通过搭建官方网站、开发移动应用、入驻社交媒体平台等方式，拓宽传播渠道，实现内容的多元化呈现和交互式传播。数字化转型不仅让传统媒体焕发新生，还促进了媒体融合，形成了跨平台、跨媒介的传媒生态体系，提升了信息的传播效率和影响力。

（2）新兴产业的崛起与发展。新媒体的兴起，直接催生了一系列新兴产业，如网络直播、短视频制作、内容电商等。这些产业以其独特的魅力和巨大的市场潜力，吸引了大量创业者和投资者的关注。网络直播打破了地域限制，让主播与观众实现即时互动；短视频以其短小精悍、易于传播的特点，成为年轻人表达自我、分享生活的重要方式；内容电商则将内容与商品销售紧密结合，通过优质内容引导消费，实现了内容与商业的完美融合。这些新兴产业的快速发展，为信息产业注入了新的活力，推动了经济结构的优化升级。

（3）产业链上下游的协同发展。新媒体产业的繁荣，也带动了产业链上下游企业的协同发展。内容创作、技术提供、数据分析、营销推广等各个环节紧密相连，形成了完整的产业链条。新媒体平台作为产业链的核心，通过整合上下游资源，优化资源配置，提高了整个产业链的运作效率。同时，新媒体产业的快速发展还促进了相关技术的研发和应用，如虚拟现实（Virtual Reality，VR）、增强现实（Augmented Reality，AR）等前沿技术，在新媒体领域的广泛应用，进一步丰富了用户的体验，推动了信息产业的创新发展。

3.提升信息安全与隐私保护

为了保护用户数据的安全，新媒体平台不断投入资源，加强技术研发，提升安全防护能力。加密技术、防火墙、入侵检测系统等技术手段的应用，有效防止了数据泄露和非法访问。新媒体平台还建立了完善的安全管理制度和应急响应机制，确保在发生安全事件时能够迅速响应、有效处置。

新媒体平台制定了严格的隐私保护政策，并公开承诺遵守相关法律法规，以保障用户的隐私权；还加强了用户教育，提高用户的隐私保护意识，引导用户合理设置个人隐私权限，避免个人信息泄露。这些政策明确了用户数据的收集、使用、存储和分享规则，限制了平台对用户数据的滥用。

（三）增强社会责任感

新媒体不仅是一个信息传播的平台，更是一个激发社会责任感、推动社会进步的重要力量。人们可以在各大新媒体平台关注、参与社会公益事业，推动社会和谐发展。

1.提高公众对社会问题的关注度

新媒体平台以其即时性和广泛性，成为社会问题曝光的首选渠道。当某个社会问题初露端倪，如环境污染事件、贫困地区的困境或教育资源的不均等，新媒体能够迅速将这些信息传达给数以亿计的受众。通过微博、微信公众号、短视频平台等，信息以病毒式传播的速度扩散，使原本可能被忽视的问题迅速进入公众视野，形成广泛的社会关注。这种快速响应和广泛传播的能力，为问题的及时解决奠定了坚实的社会基础，促使政府、企业和社会组织采取行动。

新媒体不仅传播速度快，而且擅长深度挖掘和多维度呈现社会问题。通过专题报道、数据可视化、实地探访等形式，新媒体能够揭示问题背后的深层次原因，展现问题的多维度影响。例如，对于贫困问题，新媒体不仅报道贫困家庭的现状，还分析贫困的根源、探讨扶贫政策的实施效果，甚至通过直播、纪录片等形式，让观众亲身体验贫困地区的生活，从而激发更深层次的同情和理解，促进社会各界对贫困问题的关注和投入。

新媒体平台为公众参与社会问题的讨论和舆论监督提供了便捷途径。通过评论区、论坛、社交媒体等，公众可以表达自己对问题的看法，提出解决建议，甚至发起线上线下的抗议活动。这种公众参与不仅增强了社会问题的可见性，还形成了对政府和企业的有效监督，促使他们更加透明、公正地处理社会问题，确保问题得到妥善解决。

2.促进公益活动的发起与参与

新媒体平台为公益募捐提供了高效、透明的渠道。通过在线支付、二维码捐赠等方式，捐赠者可以方便快捷地捐款，同时，新媒体平台也能实时更新募捐进度、资金流向和使用情况，增强捐赠者的信任感。此外，新媒体还能通过故事化传播、名人效应等方式，提升公益项目的知名度和影响力，吸引更多人参与捐赠，为公益事业筹集更多资金。

新媒体平台使志愿服务的招募更加广泛和精准。通过发布志愿服务信息、志愿者招募公告，新媒体能够迅速吸引大量关注者。同时，利用大数据和人工智能技术，新媒体平台可以根据志愿者的兴趣、技能、地理位置等信息，精准匹配志愿服务项目，提高志愿服务的效率和效果。此外，新媒体还能通过线上培训、经验分享等方式，提升志愿者的服务能力和素质，为公益事业的持续发展提供有力支持。

新媒体平台为公益项目的推广提供了创新和互动的空间。通过短视频、直播、H5互动页面等形式，新媒体能够生动、有趣地展示公益项目的价值和意义，吸引更多人的关注和参与。同时，新媒体还能通过社交媒体、论坛等渠道，搭建公益项目与受众之间的互动桥梁，让受众能够直接参与公益项目，如通过线上投票、捐步数、捐阅读时间等方式，为公益项目贡献力量，增强公益活动的参与感和成就感。

3.增强公民意识与法治观念

新媒体平台是法律知识普及和传播的重要渠道。新媒体平台能够发布法律解读、案例分析、法律问答等内容，帮助公众了解法律的基本知识和原则，提高公众的法律素养。新媒体平台还能邀请法律专家、律师等权威人士举办法律知识的讲座和答疑，为公众提供权威、专业的法律指导。

当政府发布新的政策文件时，新媒体平台可以解读政策文件，帮助公众理解政策的目的、内容和影响，还可以收集公众对政策的反馈意见，为政府提供决策参考。

新媒体平台对违法行为的曝光和警示具有强大的震慑作用。通过发布违法案例、曝光违法行为、揭露违法事实等方式，新媒体能够引起公众对违法行为的关注和警惕，提高公众的法治观念和法律意识，用舆论压力、社会监督等方式，使违法者受到应有的法律制裁，维护社会的公平正义和法治秩序。

四、新媒体在教育领域的应用

新媒体技术的出现为教育领域带来了革命性的变革，这种变革不仅体现在教学方式上，还体现在教育资源的分配和教育质量的提升上。

（一）网络教育的兴起

新媒体技术的迅猛发展，特别是互联网技术的广泛普及，为教育领域带来了一场前所未有的革命。其中，网络教育的兴起无疑是这场变革中最为显著的标志之一。网络教育以其独特的灵活性和便捷性，正在逐渐改变着传统教育的面貌，使教育资源的分配更加均衡，教育质量的提升成为可能。

1.打破时间与空间的限制

在传统的教育模式中，学生需要在固定的时间、固定的地点接受教育。然而，网络教育的出现彻底打破了这一限制。学生只需一台联网的设备，便可以在任何时间、任何地点访问到丰富多样的教育资源。这种灵活的学习方式不仅为在职人士、偏远地区的学生提供了更多的学习机会，也使教育更加普及和便捷。

网络教育平台如雨后春笋般涌现，提供了从基础教育到高等教育的全方位课程。这些平台不仅汇聚了国内外顶尖的教育资源，还通过在线直播、录播课程、互动问答等多种形式，为学生提供了丰富多样的学习体验。学生可以根据自己的兴趣和需求，自由选择学习内容和学习时间，真正实现了"随时随地，想学就学"。

2.促进教育资源的均衡分配

教育资源的均衡分配一直是教育领域面临的重要问题。在传统教育模式下，优质教育资源往往集中在少数名校和城市中心，而偏远地区和农村地区的学生则难以享受到这些资源。然而，网络教育的兴起为这一问题的解决提供了新的思路。

通过网络教育平台，优质教育资源得以广泛传播和共享。无论是城市还是农村的学生，都可以通过互联网访问到相同的教育资源。这不仅有助于缩小城乡教育差距，促进教育公平，还能够让更多的学生享受到高质量的教育服务。

此外，网络教育还促进了教育资源的国际化交流。学生可以通过网络接触到国外的先进教育理念和教学方法，拓宽视野，提升综合素质。同时，这也为国际间的教育合作与交流提供了更加便捷的途径。

3.提升教育质量与效率

网络教育不仅提高了教育的可及性和公平性，还在一定程度上提升了教育的质量和效率。在网络教育模式下，学生可以根据自己的学习进度和兴趣进行自主学习，避免了传统教育中"一刀切"的教学方式带来的弊端。同时，网络教育平台通常配备有丰富的学习资源和工具，如在线题库、学习社区、智能辅导等，这些都有助于提高学生的学习效率和成绩。

网络教育还促进了教师角色的转变。在网络教育环境下，教师不再是单纯的知识传授者，而是成为学生学习过程中的引导者和辅导者。教师可以在网络平台及时了解学生的学习情况，为学生提供个性化的辅导，以激发学生的学习兴趣，提高教学效果。

（二）智能化教育的探索

智能化教育运用智能算法和数据分析技术，实现了对学生学习需求的精准把握和教学策略的个性化调整，真正做到了因材施教。

1.精准了解学生学习需求

在传统教育模式下，教师往往难以全面了解每个学生的学习需求和问题所在。然而，智能化教育通过数据收集和分析技术，可以实时监测学生的学习进度、作业完成情况、考试成绩等数据，从而精准地了解学生的学习状况和需求。

智能化教育系统可以根据学生的学习数据，生成个性化的学习报告和学习计划。这些报告和计划不仅能够帮助学生更好地了解自己的学习情况，还能够为教师提供有针对性的教学建议。通过这种方式，教师可以更加精准地把握学生的学习需求，为学生提供更加个性化的辅导和支持。

2.实现个性化教学策略

在传统教育模式下，教师通常采用"一刀切"的教学方式，难以照顾到每个学生的个体差异。在智能化教育环境下，智能教学系统却可以根据学生的学习进度和反馈，自动调整教学策略。

例如，当系统发现某个学生在某个知识点上存在困难时，它可以自动为该学生提供更多的相关练习和讲解视频；当系统发现某个学生已经掌握了某个知识点时，它可以自动跳过该部分内容，为学生节省学习时间。

3.促进教育公平与个性化发展

智能化教育的实施还有助于促进教育公平和学生的个性化发展。在传统教育模式下，由于教师资源和教学条件的限制，很多学生难以得到充分的关注和个性化的辅导。在智能化教育环境下，每个学生都可以享受到个性化的教学服务。

智能化教育系统可以根据每个学生的特点和需求，为其定制专属的学习计划和辅导方案。这种个性化的教学方式不仅有助于激发学生的学习兴趣和积极性，还能够让每个学生都能够在自己的能力范围内得到最大的发展。同时，智能化教育还能够通过数据分析技术，及时发现学生的学习问题和困难，为教师提供有针对性的教学建议，从而进一步提高教学质量和效果。

第二节　高校思政教育概述

一、高校思政教育的目标与任务

（一）培养社会主义核心价值观

高校思政教育作为塑造青年学生精神世界的重要阵地，其首要且核心的目标在于培养学生的社会主义核心价值观。这一价值观体系，不仅是对中华优秀传统文化和现代文明成果的提炼，更是对中国特色社会主义道路、理论、制度、文化的高度概括，是当代中国精神的集中体现。高校思政教育通过一系列理论教学与实践活动，将这一价值观内化于心、外化于行，使青年学生成为其坚定的实践者。

1.深化理论认知

（1）系统讲解与全面理解。高校思政教育在培养学生社会主义核心价值观的过程中，首要任务是通过系统而全面的理论教学，使学生深刻理解这一价值观体系的丰富内涵与时代要求。思想政治理论课作为主渠道，承担着传授理论知识、解析政策导向的重任。课程内容不仅涵盖社会主义核心价值观的基本构成——国家层面的富强、文明、和谐，社会层面的平等、公正、法治，以及个人层面的爱国、敬业、诚信、友善，还深入剖析这些价值观背后的历史逻辑、文化根基和现实意义。通过专题讲座和主题研讨会，邀请专家学者、行业精英分享研究成果与实践经验，进一步拓宽学生的视野，加深对社会主义核心价值观多维度、多层次的理解。

（2）历史与现实相结合。为了让学生更好地把握社会主义核心价值观的历史脉络和文化底蕴，高校思政教育注重将理论教学与历史教育相结合。通过分析中国古代优秀传统文化的精髓，如儒家倡导的仁爱、礼义、诚信等思想，以及近代以来中华民族在追求人民解放过程中的英勇斗争和伟大实践，展示社会主义核心价值观与中华文化的内在联系。同时，结合改革开放以来的巨大成就和面临的挑战，引导学生认识社会主义核心价值观在推动社会发展、促进人的全面发展中的重要作用，增强其历史使命感和时代责任感。

（3）案例分析与比较研究。案例教学以其生动性、直观性成为深化理论认知的有效手段。高校选取国内外典型案例，如先进人物的事迹、社会现象的剖析等，通过小组讨论、角色扮演等形式，让学生在分析、比较中领悟社会主义核心价值观的实践价值。同时，开展中外价值观比较研究，探讨不同文化背景下价值观的差异与共通，帮助学生树立全球视野，增强文化自信，更加坚定地认同和践行社会主义核心价值观。

2.强化情感认同

（1）爱国影片与红色教育。情感是连接理论与行动的桥梁。高校通过组织观看爱国影片、纪录片，如革命历史题材、改革开放成就展示等，让学生在光影世界中感受国家的辉煌历程和人民的奋斗精神，激发其爱国情怀和民族自豪感。红色教育基地的参观学习，更是让学生身临其境地体验革命先烈的英勇事迹和革命精神，加深对社会主义核心价值观的情感认同。

（2）志愿服务与社会实践。参与志愿服务和社会实践活动，是强化情感认同的重要途径。高校鼓励学生走出校园，走进社区、农村、企业，开展形式多样的志愿服务活动，如支教、环保、助老等，让学生在服务他人、奉献社会的过程中，体验到助人为乐的喜悦和成就感，增强社会责任感和对美好生活的向往。同时，通过社会实践调研，了解国情民情，感受社会发展的脉搏，进一步加深对社会主义核心价值观的理解和认同。

（3）校园文化与主题活动。校园文化是培育社会主义核心价值观的重要载体。高校通过举办主题文化节、艺术节、读书会等活动，融入社会主义核心价值观元素，让学生在参与中受到熏陶和感染。主题演讲比赛、征文比赛等活动，则为学生提供了表达自我、展示才华的平台，让他们在思考、创作中深化对社会主义核心价值观的理解和感悟，形成积极向上的校园氛围。

3.推动实践养成

高校将社会实践和志愿服务纳入人才培养方案，形成制度化、常态化的机制。通过建立校企合作、校地合作平台，为学生提供更多实践机会，让学生在真实的社会环境中锻炼能力、增长才干。同时，鼓励和支持学生长期参与志愿服务项目，如支教团、环保组织等，将社会主义核心价值观转化为持续的服务行动，培养奉献精神和责任意识。

创新创业教育是高校思政教育的新领域，也是培养社会主义核心价值观的重要途径。高校通过开设创新创业课程、举办创新创业大赛、建立创业孵化基地等方式，激发学生的创新精神和创业热情。在创新创业过程中，引导学生将社会主义核心价值观融入项目策划、团队管理、市场运营等各个环节，培养诚信经营、合作共赢的价值观，实现个人价值与社会价值的统一。

高校注重将社会主义核心价值观融入学生的日常行为之中，通过制定行为规范、开展文明创建活动等方式，引导学生养成良好的行为习惯和道德品质。如开展"文明宿舍""诚信考场"等活动，倡导文明、诚信、友善的校园风气；通过心理健康教育、法律咨询等服务，帮助学生解决成长中的困惑和问题，促进其身心健康和全面发展。通过这些实践活动的持续开展，使社会主义核心价值观真正内化为学生的精神追求，外化为学生的自觉行动，实现知行合一的价值追求。

（二）塑造全面发展的人才

高校思政教育不仅承载着价值观培育的重任，更是促进学生全面发展的重要平台。在新时代背景下，高校思政教育致力于培养德智体美劳全面发展的社会主义建设者和接班人，这要求思政教育必须涵盖思想道德、情感态度、实践能力等多个维度，实现学生的综合素质提升。

1.思想道德建设

（1）思政课程与日常教育的融合。高校通过开设思想道德修养与法律基础等必修课程，系统地向学生传授马克思主义基本原理、中国特色社会主义理论体系以及社会主义核心价值观，引导学生树立正确的世界观、人生观、价值观。这些课程不仅注重理论知识的传授，更强调理论与实践的结合，鼓励学生将所学知识应用于日常生活，形成知行合一的良好习惯。同时，日常教育也是思想道德建设不可或缺的一部分。高校通过班会、主题团日、党日活动等形式，将思想道德教育融入学生的日常学习生活中，使学生在潜移默化中接受熏陶，不断提升道德修养和法治观念。

（2）道德修养与法治观念的双重塑造。高校思政教育通过讲述历史名人、道德模范的先进事迹，以及开展道德实践活动，如志愿服务、爱心捐助等，激发学生的道德情感，培养其高尚的道德情操。同时，法治观念教育也是思想道德建设的重要组成部分。高校通过开设法制教育课程、举办法制讲座、开展模拟法庭等活动，增强学生的法律意识，使其了解法律的基本原则和规定，学会用法律武器维护自身权益，成为遵纪守法的公民。

（3）理想信念与纪律意识的强化。高校思政教育通过讲述中国革命史、改革开放史等，让学生深刻理解中国共产党的奋斗历程和伟大成就，坚定其对中国特色社会主义的信念。同时，通过加强纪律教育，如军训、校规校纪教育等，培养学生的纪律意识，使其明白自由与纪律的辩证关系，学会在纪律约束下自由发展，成为有理想、有道德、有文化、有纪律的新时代青年。

2.情感态度培育

（1）积极情感态度的培养。高校思政教育注重培养学生的积极情感态度，如乐观向上、坚韧不拔、团结协作等。通过心理健康教育课程、心理咨询服务等，帮助学生建立正确的自我认知，学会情绪管理，增强抗压能力和适应能力。同时，通过举办情感交流工作坊、团队建设活动等，让学生在互动中增进了解，学会倾听与表达，培养同理心和合作精神，形成积极向上的情感态度。

（2）健康心理品质的塑造。高校思政教育通过开设心理健康教育讲座、开展心理测评与辅导等，关注学生的心理健康状况，及时发现并解决心理问题。同时，通过组织心理健康月、心理剧表演等活动，普及心理健康知识，提高学生的心理素质，培养其自信、自强、自律的心理品质。

（3）自我认知与情绪管理能力的提升。高校思政教育通过引导学生进行自我探索，如职业规划、兴趣测试等，帮助学生了解自己的兴趣、优势和不足，从而树立合理的目标。同时，通过教授情绪管理技巧，如深呼吸、冥想、情绪日记等，帮助学生学会调节情绪，保持情绪稳定，提高情绪管理能力。

3.实践能力提升

高校思政教育鼓励学生参与各类实践活动，以提升其实践能力。这些实践活动包括社会调研、实习实训、创新创业项目等，旨在让学生在实践中学习，在学习中实践。通过参与这些活动，学生不仅能够将所学知识应用于实际，还能够培养解决实际问题的能力、创新能力和团队协作能力。同时，高校还注重实践活动的创新性，鼓励学生结合专业特色和社会需求，开展具有创新性的实践活动，如科技创新竞赛、公益创业项目等。

实践能力提升不仅关注专业技能的培养，还注重综合素质的提升。高校通过实践教学体系的设计，将专业技能训练与综合素质培养相结合。例如，在实习实训中，不仅要求学生掌握专业技能，还注重培养其沟通能力、组织协调能力、领导力等综合素质。同时，高校还通过开设跨学科课程、举办跨学科讲座等方式，拓宽学生的知识视野，促进其综合素质的全面发展。

高校通过组织学生参与社会实践活动，如支教、扶贫、环保等，让学生深入了解社会现实，增强社会责任感。同时，志愿服务也是培养学生实践能力的重要方式。通过参与志愿服务活动，学生不仅能够锻炼自己的组织协调能力、沟通能力等，还能够培养奉献精神和爱心，成为有担当、有责任感的新时代青年。

（三）服务国家和社会发展

高校思政教育不仅是个人成长的摇篮，更是服务国家和社会发展的重要力量。在新时代背景下，高校思政教育应紧密围绕国家发展战略和社会需求，培养具有强烈国家意识、深厚民族情怀和高度社会责任感的高素质人才。

1.强化国家意识与民族自豪感

（1）国史国情教育的深入实施。高校思政教育将国史国情教育作为强化国家意识与民族自豪感的重要途径，以历史课程、举办国史讲座、组织参观历史纪念馆等活动，系统地向学生传授中国悠久的历史文化、革命历程和现代化建设成就。这些教育活动不仅让学生全面了解国家的发展历程和辉煌成就，更引导他们深刻认识到国家的伟大和民族的强盛，从而激发出强烈的国家认同感和民族自豪感。在此基础上，学生将更加自觉地将个人命运与国家命运紧密相连，为国家的繁荣富强贡献自己的青春和力量。

（2）爱国主义教育的持续深化。通过举办爱国主义主题班会、开展红色教育基地实践、观看爱国主义影片等方式，高校思政教育不断激发学生的爱国热情。这些活动让学生深刻体会到爱国主义不仅是情感上的共鸣，更是行动上的担当。同时，高校还注重将爱国主义教育与时代背景相结合，引导学生关注国家发展大事，如科技创新、生态文明建设等，使他们在了解国家发展成就的同时，更加坚定为国家发展贡献力量的决心。

（3）国家意识与民族自豪感的实践转化。高校思政教育不仅注重国家意识与民族自豪感的培养，更强调将其转化为实际行动。通过组织学生参与国家重大活动、志愿服务项目等，让学生在实践中深化对国家、对民族的情感认同。例如，参与国庆庆典、志愿服务西部计划等活动，不仅让学生亲身体验到国家的强盛和民族的团结，更激发了他们为国家发展贡献力量的责任感和使命感。这种实践转化不仅增强了学生的国家意识与民族自豪感，更为他们未来服务国家奠定了坚实的基础。

2.培养社会责任感与公民意识

高校思政教育鼓励学生关注社会热点问题，通过课堂教学、专题讲座、研讨会等形式，引导学生深入分析社会现象，培养解决问题的能力。同时，高校还注重将社会热点问题与思政教育相结合，让学生在了解社会现实的同时，增强对社会责任的认识和担当。这种关注与引导不仅让学生更加了解社会，更为他们未来参与社会治理和公共服务奠定了思想基础。

高校通过组织学生参与支教、扶贫、环保等志愿服务项目，让学生亲身体验到服务社会的乐趣和价值，以锻炼了学生的组织协调能力、沟通能力等。同时，高校还注重将社会实践与专业学习相结合，鼓励学生将所学知识应用于社会服务中，实现知识与实践的有机结合。

高校思政教育通过开设法制教育课程、举办法制讲座、开展模拟法庭等活动，增强学生的法律意识，使其了解法律的基本原则和规定，学会用法律武器维护自身权益，注重培养学生的公民意识，引导学生关注公共利益，积极参与社会治理和公共服务，成为有担当、有作为的社会成员。这种公民意识与法治精神的培育不仅让学生更加懂得如何行使自己的权利，更让他们明白如何履行自己的义务，为构建和谐社会贡献力量。

3.服务国家战略需求

（1）紧密对接国家发展战略。高校思政教育应紧密对接国家发展战略，如创新驱动发展战略、乡村振兴、生态文明建设等。通过调整专业设置、优化课程体系、加强科研创新等方式，为国家提供智力支持和人才保障。同时，高校还应注重培养学生的创新意识和实践能力，鼓励他们参与科研项目、创新创业活动等，为国家的科技创新和产业升级贡献力量。

（2）人才培养与国家需求的精准匹配。高校思政教育在人才培养过程中应注重与国家需求的精准匹配。通过深入了解国家发展战略和行业需求，制定符合实际的人才培养方案。同时，高校还应加强与企业和社会的合作，建立产学研用协同育人机制，为学生提供更多的实践机会和就业渠道。这种精准匹配不仅让学生更加符合市场需求，更为国家的发展提供了有力的人才支撑。

（3）引导学生将个人理想融入国家发展大局。高校思政教育应引导学生将个人理想融入国家发展大局中。通过举办职业规划讲座、就业指导服务等，帮助学生树立正确的就业观念，鼓励他们到国家最需要的地方建功立业，培养学生的家国情怀和奉献精神，让他们明白个人的成长与发展离不开国家的繁荣富强。

二、高校思政教育的内容体系

（一）政治理论教育

1.马克思主义基本原理的传授与理解

政治理论教育的基石在于马克思主义基本原理的传授。高校通过开设马克思主义基本原理课程，系统地向学生介绍马克思主义的哲学、政治经济学和科学社会主义的基本理论。这些课程不仅帮助学生掌握马克思主义的世界观和方法论，更重要的是引导学生运用马克思主义的观点去分析问题、解决问题，培养他们独立思考的能力。通过深入学习马克思主义，学生能够更加深刻地理解历史发展的规律，认识到社会主义的必然性和优越性。

2.中国特色社会主义理论体系的阐释与认同

中国特色社会主义理论体系是马克思主义中国化的最新理论成果，是高校政治理论教育的重点内容。高校开设有毛泽东思想、邓小平理论、"三个代表"重要思想、科学发展观及习近平新时代中国特色社会主义思想等相关课程，帮助学生全面了解中国特色社会主义的形成和发展过程，理解其理论内涵和实践要求。这些课程旨在增强学生的道路自信、理论自信、制度自信和文化自信，使他们深刻认识到中国特色社会主义是实现中华民族伟大复兴的必由之路，从而坚定对中国特色社会主义的信念。

3.政治理论教育与现实问题的结合

高校政治理论教育不仅注重理论知识的传授，更强调理论与现实的结合。通过组织学生参与社会调研、时事热点讨论等活动，引导学生将所学理论应用于分析现实问题，提高他们的实践能力和社会责任感。同时，高校还注重利用网络资源、多媒体平台等现代教学手段，丰富政治理论教育的形式和内容，使教学更加生动有趣，增强学生的学习兴趣和参与度。

（二）思想道德教育

1.道德观念的树立与引导

思想道德教育的首要任务是帮助学生树立正确的道德观念。高校通过开设思想道德修养与法律基础等课程，向学生传授基本的道德知识和道德规范，引导他们认识道德在人生中的重要性，树立崇高的道德理想；通过校园文化、社团活动等多种渠道，营造积极向上的道德氛围，使学生在潜移默化中受到熏陶。

2.道德品质的培养与提升

道德品质的培养是思想道德教育的核心内容。高校通过组织各种实践活动，如志愿服务、社会公益活动等，为学生提供锻炼道德品质的机会。这些活动不仅有助于学生将道德知识转化为道德行为，还能培养他们的同情心、责任感和奉献精神。同时，高校还注重通过榜样引领、表彰先进等方式，激励学生追求更高的道德境界。

3.道德规范的践行与示范

高校思想道德教育不仅要求学生了解道德规范、培养道德品质，更重要的是要引导他们践行道德规范，成为道德的示范者。高校通过制定学生行为准则、开展文明校园创建等活动，规范学生的行为举止，培养他们的文明习惯。同时，高校还注重发挥教师、学生干部等群体的示范作用，通过他们的言行举止影响带动广大学生践行道德规范。

（三）法治教育

1.法律知识的普及与传授

法治教育的基础在于法律知识的普及。高校通过开设法学基础课程、举办法律讲座等方式，向学生传授基本的法律知识，包括宪法、民法、刑法等法律法规的内容。这些课程旨在帮助学生了解法律体系的基本框架和主要内容，为培养他们的法治意识打下基础。

2.法治意识的培育与提升

法治教育的核心在于培育学生的法治意识。高校通过组织模拟法庭、法律辩论等活动，让学生在实践中学习法律、运用法律，提高他们的法律素养和法治意识。同时，高校还注重通过案例分析、法律诊所等方式，引导学生深入理解法律的精神和价值，培养他们的法律思维能力和依法解决问题的能力。

3.法治文化的营造与传播

高校法治教育不仅注重法律知识的传授和法治意识的培养，还强调法治文化的营造和传播。通过举办法治文化节、法律知识竞赛等活动，营造浓厚的法治氛围，使学生在潜移默化中受到法治文化的熏陶。同时，高校还注重利用校园媒体、网络平台等渠道，传播法治文化，扩大法治教育的影响力，使法治观念深入人心。

三、高校思政教育的传统方法

（一）灌输式教学

1.知识传递的高效性

灌输式教学，作为传统高校思政教育的一种主要方法，其显著特点在于知识传递的高效性。教师作为知识的权威传递者，以课堂讲授、板书演示等方式，系统地向学生传授马克思主义基本原理、中国特色社会主义理论体系等思政教育内容。这种方法能够在较短的时间内，将大量的理论知识灌输给学生，确保学生掌握思政教育的基本框架和核心内容。对于初学者而言，这种教学方式有助于他们快速构建起思政教育的知识体系，为后续的学习打下坚实的基础。

2.学生主体性的忽视

灌输式教学存在明显的弊端，其中最为突出的是对学生主体性的忽视。学生往往被视为知识的容器，被动接受教师传授的知识，而缺乏主动思考和探索的机会。这种单向的知识传递方式抑制了学生的创新思维的发展，可能导致学生对思政教育产生厌倦和抵触情绪。长此以往，学生可能会失去对思政教育的兴趣和热情，甚至产生逆反心理，影响思政教育的效果。

3.教学改革的必要性

鉴于灌输式教学的弊端，高校思政教育亟须进行改革。改革的方向应是关注学生的主体性，尊重学生的个性需求，激发学生的学习兴趣和动力。具体而言，可以采用启发式、讨论式、案例式等多种教学方法，引导学生主动思考、积极探索；同时，还可以结合学生的实际情况和兴趣爱好，设计多样化的教学活动和实践项目，让学生在实践中学习、在学习中实践，从而提高思政教育的实效性和吸引力。

（二）理论教学与实践脱节

1.理论教学的抽象性

在传统的高校思政教育中，理论教学往往过于抽象和空洞。教师往往注重理论知识的讲解和阐述，而忽视了与实际生活的联系。这种抽象的理论教学，不仅难以引起学生的兴趣，还可能导致学生对理论知识产生误解和偏见。学生往往觉得这些理论知识与现实生活脱节，无法应用于实际问题的解决中。

2.实践活动的形式化

与理论教学相比，实践活动在高校思政教育中同样存在重要的问题。许多高校虽然安排了实践活动，但往往形式单一、内容浅显，往往只是走走过场，没有真正起到锻炼学生能力、提升学生素质的作用。学生觉得这些实践活动缺乏挑战性和趣味性，无法激发他们的参与热情。

3.理论与实践的割裂

理论教学与实践活动之间缺乏有效的衔接和互动，导致学生难以将所学知识应用于实际生活中。这种割裂现象不仅影响了思政教育的实效性，还可能导致学生对思政教育产生怀疑和失望。学生可能会觉得思政教育只是空洞的理论说教，无法真正解决他们面临的实际问题。

4.整合理论与实践的路径探索

面对理论教学与实践脱节的挑战，高校思政教育需要积极探索整合理论与实践的路径。首先，应加强理论教学与实践活动的联系，将理论知识与现实生活紧密结合起来。教师可以通过案例分析、时事热点讨论等方式，引导学生将所学知识应用于实际问题的分析中，提高学生的理论联系实际能力。其次，应丰富实践活动的形式和内容，设计具有挑战性和趣味性的实践活动，激发学生的学习兴趣和参与度。高校可以组织社会实践、志愿服务、创新创业等活动，让学生在实践中锻炼能力、提升素质。最后，还应建立有效的评价机制，对理论教学和实践活动进行综合评价，确保思政教育的整体效果和质量。通过整合理论与实践，高校思政教育可以更加贴近学生的实际需求和生活实际，提高教育的针对性和实效性。

四、高校思政教育的现状评估

（一）高校思政教育的显著成就

1.教育方法与手段的创新

近年来，高校思政教育在方法与手段上取得了显著的创新。传统的灌输式教学逐渐被启发式、讨论式、案例式等多元化教学方法所取代。这些新方法不仅激发了学生的学习兴趣，还促进了学生的主动思考能力的提升。例如，通过组织小组讨论、角色扮演、模拟法庭等活动，学生能够更深入地理解思政教育的理论知识，并将其应用于实际问题的分析中。此外，随着信息技术的快速发展，高校思政教育还积极利用网络平台、多媒体资源等现代化教学手段，丰富了教学内容，提高了教学效果。

2.教育内容的时代性与针对性

高校思政教育在内容上也不断与时俱进，更加贴近学生实际和时代要求。一方面，思政教育内容紧跟国家政策和社会热点，及时将党的最新理论成果、国家重大战略部署等纳入教学体系，使学生能够及时了解和掌握国家大事，增强他们的国家认同感和社会责任感。另一方面，思政教育还注重针对学生的实际需求和心理特点，设计具有针对性和实效性的教学内容。例如，针对大学生普遍关注的就业问题、心理健康问题等，思政教育开设了相关的专题讲座和辅导课程，为学生提供有效的指导和帮助。

3.学生思想政治素质和道德素养的提升

通过高校思政教育的不断努力，学生的思想政治素质和道德素养得到了显著提升。学生应对中国特色社会主义道路、理论、制度、文化更加自信和认同。同时，学生的道德品质也得到了显著提升，他们更加注重诚信、友善、责任等道德品质的培养，积极践行社会主义核心价值观，成为具有良好道德风范的社会成员。

4.创新精神和实践能力的培养

高校思政教育不仅注重学生的思想政治素质和道德素养的培养，还非常重视学生的创新精神和实践能力的锻炼。通过组织各种实践活动，如社会实践、志愿服务、创新创业等，学生能够在实践中锻炼自己的能力，提升自己的素质。这些实践活动不仅有助于学生将所学知识应用于实际，还能够培养他们的团队合作精神、领导能力和解决问题的能力，为他们的全面发展奠定坚实基础。

（二）高校思政教育面临的挑战

1.教育内容与方法的更新需求

随着时代的快速发展和社会环境的不断变化，高校思政教育需要不断更新教育内容和方法以适应新的形势和需求。一方面，思政教育内容需要紧跟国家政策和社会热点，及时反映时代的变化和发展；另一方面，思政教育方法也需要不断创新，以适应学生多样化的学习需求和心理特点。然而，目前一些高校在思政教育内容和方法的更新上还存在滞后性，难以满足学生的实际需求。

2.学生思想观念多元化带来的挑战

当前，大学生思想观念多元化、价值取向多样化的趋势日益明显。这给学生思政教育工作带来了一定的难度。一方面，学生思想观念的多元化使他们在接受思政教育时可能存在不同的认知和理解；另一方面，价值取向的多样化也可能导致学生在道德判断和行为选择上存在差异。这就要求高校思政教育需要更加注重因材施教，针对不同学生的思想观念和价值取向进行有针对性的教育和引导。

3.部分学生思政教育参与度不高

尽管高校思政教育取得了显著成就，但仍存在部分学生参与度不高的问题。一些学生对思政教育缺乏兴趣和热情，甚至存在抵触情绪。这可能是由于思政教育内容与学生实际需求脱节、教学方法单一乏味、教师缺乏魅力等原因造成的。学生参与度不高不仅影响了思政教育的效果，还可能导致学生对思政教育产生负面印象，进而影响他们的思想政治素质和道德素养的提升。

4.高校对思政教育的重视程度与投入不足

部分高校在思政教育方面仍存在重视程度不够、投入不足的问题。一些高校可能将更多资源和精力投入其他学科领域的建设之中，忽视了思政教育的重要性，导致思政教育在教学资源、师资力量、教学设施等方面存在不足，制约了思政教育的进一步发展。同时，一些高校在思政教育的评价机制上也存在不完善之处，难以对思政教育效果进行客观、全面的评价，也影响了思政教育的持续改进和提升。

面对这些挑战，高校思政教育需要不断创新和完善教育内容与方法，提高教育的针对性和实效性；同时，还需要加强对学生思想动态的关注和引导，提高学生的参与度和积极性；此外，高校也应加大对思政教育的重视程度和投入力度，为思政教育的持续发展提供有力保障。

第三节　新媒体时代下高校思政教育的新机遇

一、新媒体提供的广阔传播平台

（一）多元化的传播渠道

1.社交媒体平台的广泛应用

在新媒体时代，微博、微信、抖音等社交媒体平台已成为大学生日常生活中不可或缺的一部分。这些平台以其便捷性、即时性和广泛性，为高校思政教育提供了前所未有的传播渠道。通过创建官方账号、发布思政教育内容、组织线上互动活动等方式，高校能够迅速将思政教育信息传递给广大学生。社交媒体平台的用户黏性高，信息传播速度快，使思政教育内容能够迅速覆盖并影响学生群体，有效提升了思政教育的传播效率和影响力。

2.在线教育平台的兴起

除了社交媒体外，各类在线教育平台如慕课（MOOC）、微课、直播课堂等也已成为高校思政教育的重要载体。这些平台提供了丰富的课程资源，学生可以随时随地通过网络进行学习。在线教育平台不仅打破了时间和空间的限制，还使思政教育内容更加系统化和专业化。教师可以通过平台发布教学视频、组织线上讨论、进行作业批改等，实现与学生的远程互动和教学。这种教学模式不仅提高了思政教育的灵活性，还满足了学生个性化学习的需求。

3.多渠道融合的传播策略

新媒体时代的高校思政教育，应注重多渠道融合的传播策略。通过整合社交媒体、在线教育平台、校园网站等多种传播渠道，形成全方位、立体式的传播网络。这种融合策略不仅能够扩大思政教育的覆盖面，还能够增强教育的针对性和实效性。例如，高校可以利用社交媒体进行话题引导，通过在线教育平台进行深度教学，再借助校园网站进行资源整合和信息共享，从而构建起一个完整的思政教育生态系统。

4.传播效果的实时监测与反馈

新媒体平台的优势之一在于其强大的数据监测和分析能力。高校可以利用这一功能，对思政教育内容的传播效果进行实时监测和反馈。通过数据分析，可以了解学生对思政教育内容的关注度、参与度、满意度等指标，从而及时调整教育策略和方法。这种基于数据的决策方式，能够提高思政教育的科学性和精准性，确保教育效果的最大化。

（二）丰富的内容展示形式

1.多媒体元素的融合运用

新媒体平台支持文字、图片、音频、视频等多种内容展示形式，为高校思政教育提供了丰富的表达手段。教师可以根据教育内容的特点，选择合适的多媒体元素进行组合，制作出生动有趣的教学材料。例如，通过动画演示来解释复杂的理论概念，用音频故事来讲述历史事件，或者通过视频短片来展示社会现象。这种多媒体元素的融合运用，不仅能够激发学生的学习兴趣，还能够提高教育内容的可读性和可理解性。

2.交互式内容的创新设计

新媒体的交互性特点为高校思政教育提供了更多的可能性。通过设计交互式内容，如在线问卷、互动游戏、虚拟实验等，教师可以引导学生积极参与教育过程，实现与学生的实时互动。这种交互式学习方式不仅能够增强学生的参与感和体验感，还能够促进学生对教育内容的深入理解和思考。例如，通过在线问卷收集学生的意见和建议，可以及时调整教学内容和方法；通过互动游戏来模拟社会情境，可以让学生在游戏中学习和体验思政教育的价值。

3.个性化内容的定制服务

新媒体平台还能够根据学生的兴趣、需求和学习习惯，提供个性化的内容定制服务。通过数据分析和技术手段，高校可以了解每个学生的学习特点和偏好，从而为他们推送符合其需求的教育内容。这种个性化服务不仅能够满足学生的差异化学习需求，还能够提高思政教育的针对性和有效性。例如，对于喜欢阅读的学生，可以推送更多的文字资料；对于喜欢看视频的学生，则可以推送更多的视频教程。

二、新媒体增强思政教育的互动性

（一）双向交流机制的建立

1.打破传统单向灌输模式

在传统的高校思政教育中，教师往往扮演着知识传授者的角色，学生则是被动接受者。这种单向灌输的教育模式缺乏有效的反馈机制，难以激发学生的学习兴趣和主动性。然而，新媒体的兴起彻底改变了这一局面。新媒体平台如微信、微博、论坛等，为学生提供了与教师进行即时交流的机会，建立起了双向交流机制。学生不再只是被动接收信息，而是可以主动提出自己的见解、疑问和困惑，与教师进行深入的讨论和交流。这种互动式的教育方式不仅增强了学生的参与感，还促进了师生之间的情感沟通。

2.促进师生深度互动

新媒体平台的双向交流机制，使教师和学生能够就思政教育话题展开更加深入和全面的探讨。教师可以通过新媒体平台发布思政教育内容，引导学生进行讨论和思考。学生则可以就相关话题发表自己的观点，提出疑问，甚至与教师进行辩论。这种深度互动不仅有助于学生深入理解思政教育内容，还能够培养他们独立思考能力。同时，教师也可以通过学生的反馈和讨论，了解他们的思想动态和学习需求，从而及时调整教学策略和方法，提高思政教育的针对性和实效性。

3.构建平等的教育氛围

新媒体平台的双向交流机制还有助于构建平等的教育氛围。在传统的思政教育中，教师往往处于权威地位，学生则处于被动地位。然而，在新媒体时代，教师和学生可以通过新媒体平台平等地进行交流和讨论，共同探讨思政教育问题。这种平等的教育氛围不仅能够增强学生的自信心和自尊心，还能够激发他们的学习热情和创造力。同时，教师也可以通过与学生的互动和交流，了解他们的想法和需求，从而更好地满足他们的学习期望，提升思政教育的满意度和效果。

4.实现教育效果的即时反馈

新媒体平台的双向交流机制还提供了教育效果的即时反馈功能。教师可以通过学生的讨论和反馈，及时了解他们对思政教育内容的掌握情况和理解程度。这种即时反馈不仅有助于教师及时调整教学策略和方法，还能够帮助学生及时发现自己在学习中存在的问题和不足，从而进行针对性的改进和提升。此外，通过新媒体平台的互动和交流，教师还可以收集到学生对思政教育的意见和建议，为今后的教育改革和创新提供有益的参考和借鉴。

（二）个性化教育服务的实现

1.精准定位学生需求

新媒体平台如大数据和人工智能技术的应用，使高校思政教育能够更加精准地定位学生的需求。通过分析学生的学习轨迹、行为习惯、兴趣爱好等信息，教师可以深入了解每个学生的个性化需求和学习特点。这种精准定位不仅有助于教师为学生提供更加符合其需求的教育服务，还能够提高思政教育的针对性和实效性。例如，对于对时事政治感兴趣的学生，教师可以推送相关的新闻资讯和分析文章；对于对历史文化感兴趣的学生，则可以推送相关的历史故事和文化解读。

2.提供定制化学习资源

基于新媒体技术的个性化教育服务，还能够为学生提供定制化的学习资源。教师可以根据学生的学习需求和兴趣特点，为他们推荐适合的学习资源和活动信息。这些资源可以包括在线课程、学术讲座、实践项目等。通过定制化的学习资源，学生可以根据自己的兴趣和时间安排进行自主学习，提高学习效率和质量。同时，教师还可以根据学生的反馈和学习效果，及时调整学习资源的推荐策略，确保学生能够获得最佳的学习体验。

3.培养自主学习能力

新媒体时代的个性化教育服务不仅满足了学生的学习需求，还有助于培养他们的自主学习能力。通过新媒体平台，学生可以自主选择学习内容、学习方式和学习时间，这种自主性的学习方式能够激发学生的学习兴趣和动力。同时，教师还可以通过新媒体平台为学生提供学习指导和支持，帮助他们解决在学习过程中遇到的问题和困难。这种自主学习能力的培养不仅有助于学生更好地适应新媒体时代的学习环境，还能够为他们的未来发展和终身学习奠定坚实的基础。

三、新媒体促进教育资源的共享

（一）打破时空限制的资源获取

1.随时随地访问优质资源

在新媒体时代，互联网和移动设备的普及使教育资源的获取不再受到时间和空间的限制。学生只需拥有一部智能手机或电脑，就可以随时随地访问到全球范围内的优质教育资源。这些资源涵盖了名校的公开课程、专家的讲座视频、学术研究报告等，内容丰富多样，为思政教育提供了取之不尽、用之不竭的素材库。学生可以根据自己的兴趣和需求，自由选择学习内容，实现个性化学习。这种便捷高效的教育资源获取方式，不仅极大地丰富了思政教育的内涵，还为学生提供了更多元化的学习路径，有助于培养他们的自主学习能力和终身学习习惯。

2.促进教育公平与普及

新媒体时代教育资源的共享，还有力地促进了教育公平和普及。在传统教育模式下，优质教育资源往往集中在少数名校和城市中心，而偏远地区和农村地区的学生则难以接触到这些资源。然而，新媒体技术的出现打破了这一地域限制，使优质教育资源能够跨越时空界限，广泛传播到各个角落。无论是城市还是农村的学生，只要具备基本的网络条件，都能够享受到同样的教育资源，接受高质量的教育。这种教育资源的均衡分配，有助于缩小城乡教育差距，推动教育公平和普及，让每一个孩子都有机会实现自己的梦想。

3.拓宽学生视野与认知

新媒体时代教育资源的共享，还极大地拓宽了学生的视野和认知。通过互联网，学生可以接触到来自不同国家、不同文化背景的教育资源和观点，了解世界各地的风土人情、历史文化和科技发展。这种跨文化的交流和学习，有助于培养学生的国际视野和跨文化沟通能力，提升他们的综合素质和竞争力。同时，新媒体平台上的教育资源往往具有时效性和前沿性，能够及时反映社会热点和科技发展动态，帮助学生紧跟时代步伐，把握未来趋势。

（二）跨校合作与资源共享

1.促进高校间的深度合作

新媒体技术为高校之间的跨校合作提供了便利条件。通过新媒体平台，不同高校可以轻松地实现信息共享、资源互通和人员交流。这种合作模式打破了高校之间的壁垒和界限，促进了学术交流和科研合作，推动了高等教育的协同发展。高校可以共同开发优质教育资源，开展联合教学活动，提高学生的综合素质和创新能力。同时，还可以共同承担科研项目，攻克科研难题，推动学术进步和科技创新。

2.提升思政教育的整体水平

跨校合作与资源共享有助于提升思政教育的整体水平。不同高校在思政教育方面各有优势和特色，通过合作可以相互借鉴、取长补短，共同提高思政教育的质量和效果。例如，可以共同开发思政课程，实现课程内容的互补和优化；可以共同组织思政活动，增强学生的实践能力和社会责任感；可以共同开展思政研究，推动思政教育理论的创新和发展。这种合作模式下的思政教育，不仅能够更好地满足学生的需求，还能够提升高校思政教育的整体竞争力和影响力。

3.推动高等教育的创新发展

跨校合作与资源共享还有助于推动高等教育的创新发展。新媒体技术为高等教育提供了更多的可能性和机遇，通过合作可以探索新的教育模式和教学方法，推动高等教育的改革和创新。例如，可以利用新媒体技术开展在线教育和远程教育，打破地域限制，实现教育资源的广泛传播和共享；可以利用大数据和人工智能技术，实现教育教学的个性化和智能化，提高教育质量和效率；可以利用虚拟现实和增强现实技术，创建沉浸式学习环境，提升学生的学习体验和效果。这种创新模式下的高等教育，不仅能够更好地适应社会发展的需求，还能够为学生的全面发展提供更多的机会和平台。

四、新媒体提升思政教育的时效性

（一）实时更新与热点追踪

1.紧跟时代步伐，融入最新政治动态

新媒体的时效性特点赋予了高校思政教育前所未有的活力。在传统教育模式下，思政教育往往依赖于教材和教学大纲，内容更新相对滞后，难以与快速变化的社会现实同步。然而，在新媒体时代，教师可以通过微博、微信公众号、新闻 APP 等新媒体平台，实时获取到最新的政治动态、政策解读和国际形势分析。这些信息可以迅速被思政课程，使教学内容更加贴近实际，更具时效性。例如，在党的重大会议或政策发布后，教师可以立即将这些内容融入课堂讲解，帮助学生及时理解政策精神，增强他们的政治认同感和责任感。

2.结合社会热点，提升教育针对性

社会热点是民众关注的焦点，也是思政教育的重要资源。新媒体平台上的热点话题、网络舆情等，都是思政教育不可多得的教学素材。教师可以通过关注新媒体上的热门话题，如社会公德、法治建设、环境保护等，将这些话题与思政课程内容相结合，进行深入的分析和讨论。这种结合社会热点的教育方式，不仅能够激发学生的学习兴趣，还能够提升他们对社会问题的认识和理解，培养他们的时事敏感度和社会责任感。

3.利用多媒体手段，增强教学效果

新媒体不仅提供了丰富的信息来源，还提供了多样化的表达方式。教师可以利用新媒体的多媒体特性，如图片、视频、音频等，将抽象的政治理论、道德观念等转化为生动具体的教学内容。例如，在讲述社会主义核心价值观时，教师可以通过播放相关视频、展示图片等方式，让学生直观地感受到价值观的内涵和实践意义。这种多媒体的教学方式，不仅能够增强思政教育的吸引力和感染力，还能够提升教学效果和学生的参与度。

（二）快速反应与舆论引导

1.及时发布信息，澄清事实真相

在面对突发事件或社会热点问题时，新媒体平台可以成为高校思政教育的快速反应工具。教师可以通过发布微博、微信公众号文章等方式，及时传递官方信息，澄清事实真相，避免谣言和误解的传播。例如，在校园突发事件发生后，教师可以迅速通过新媒体平台发布事件处理进展和官方声明，引导学生理性看待事件，维护校园的稳定和谐。

2.引导舆论走向，培养批判性思维

新媒体平台上的舆论往往复杂多变，容易受到各种因素的影响。教师可以在新媒体平台上发布权威解读和评论文章，引导学生正确理解和评价社会事件；鼓励学生参与在线讨论，培养他们的批判性思维和辨别是非的能力。例如，在社会热点问题引发广泛讨论时，引导学生从多个角度分析问题，鼓励他们提出自己的见解，培养他们的独立思考能力。

3.建立应急响应机制，提升应对能力

为了有效应对突发事件或社会热点问题带来的挑战，高校应建立完善的应急响应机制，如制定应急预案、明确责任分工、加强信息监测和报告等，加强对教师的培训和教育，提升他们应对新媒体舆情的能力。例如，可以定期组织教师进行新媒体舆情应对培训，提高他们的信息素养和媒体素养，使他们能够更好地利用新媒体平台进行舆情引导和危机处理。

第四节　新媒体时代下高校思政教育的新挑战

一、信息过载与筛选难度增加

（一）信息爆炸带来的困惑

1.信息过载的现象分析

新媒体时代，随着互联网技术的飞速发展和移动设备的普及，信息的产生和传播速度达到了前所未有的高度。社交媒体、新闻网站、视频平台等各类新媒体渠道每时每刻都在产生着海量的信息，这些信息如同潮水般涌向学生，使他们面临着严重的信息过载问题。信息过载不仅表现为信息数量的激增，还体现在信息种类的繁多和信息质量的参差不齐上。学生在面对如此庞大的信息海洋时，往往感到无从下手，难以筛选出真正有价值的信息，从而产生了困惑和迷茫。

2.信息筛选能力的培养

面对信息过载的挑战，思政教育者首先需要提升自身的信息筛选能力。这要求教育者具备敏锐的信息触觉和独到的判断力，能够从海量的信息中迅速识别出那些具有教育价值、符合学生需求的内容。同时，教育者还需要教会学生如何进行有效的信息筛选，引导他们学会辨别信息的真伪、优劣，培养他们的信息素养和批判性思维。通过开设信息素养课程、举办信息筛选讲座等方式，教育者可以帮助学生掌握信息筛选的基本方法和技巧，提高他们的信息处理能力。

3.教育内容的精准定位

在信息过载的背景下，思政教育者需要更加精准地定位教育内容。这要求教育者深入了解学生的实际需求和心理特点，结合社会热点和时事动态，精心挑选那些与学生生活紧密相关、能够引起他们共鸣的教育内容。同时，教育者还需要对教育内容进行深入的挖掘和整合，提炼出其核心价值和意义，确保教育内容能够准确、有效地传递给学生。通过精准定位教育内容，教育者可以帮助学生从海量信息中筛选出真正有价值的内容，减轻他们的信息负担，提升思政教育的针对性和实效性。

（二）教育内容的有效传递

1.明确教育目标，突出核心价值

在信息过载的背景下，思政教育者需要明确教育目标，突出思政教育的核心价值。这要求教育者深入研究和理解思政教育的本质和目的，明确思政教育的培养目标和要求。同时，教育者还需要将思政教育的核心价值融入教育内容之中，确保教育内容能够体现思政教育的理念和精神。通过明确教育目标和突出核心价值，教育者可以使思政教育内容更加具有针对性和导向性，从而有效传递给学生。

2.创新教学方法，提升教育效果

为了有效传递教育内容，思政教育者需要创新教学方法，提升教育效果。这要求教育者根据学生的学习特点和需求，采用多样化的教学方法和手段，如情境教学、项目式学习、合作学习等，来激发学生的学习兴趣和主动性。同时，教育者还可以利用新媒体技术，如虚拟现实、增强现实等，创建沉浸式学习环境，提升学生的学习体验和效果。通过创新教学方法，教育者可以使教育内容更加生动有趣、易于理解，从而提高学生的参与度和学习效果。

3.加强师生互动，促进教育交流

在教育内容传递过程中，加强师生互动是促进教育交流、提升教育效果的重要途径。教育者可以通过新媒体平台，如微信、QQ、钉钉等，与学生进行实时的互动和交流，了解他们的学习情况和需求，及时给予指导和帮助。同时，教育者还可以鼓励学生参与线上讨论和分享，促进他们之间的交流和合作，形成良好的学习氛围。通过加强师生互动，教育者可以更加深入地了解学生的实际情况，及时调整教学策略和方法，提高教育内容的传递效果。

二、网络舆论对思政教育的影响

（一）网络舆论的复杂性

1.网络舆论的快速形成与传播

新媒体时代，网络成为信息传播的主要渠道，而网络舆论的形成与传播速度更是前所未有的快捷。一个事件、一个观点，甚至是一个谣言，都可能在短时间内迅速在网络上发酵，形成强大的舆论场。这种快速传播的特性，使网络舆论具有极大的不确定性和难以预测性，给思政教育带来了极大的挑战。教育者需要时刻关注网络舆论的动态，及时捕捉可能影响学生思想动态的信息，以便采取相应的教育措施。

2.网络舆论的多元性与复杂性

网络是一个开放的平台，每个人都可以在上面发表自己的观点和看法。因此，网络舆论往往呈现出多元性与复杂性的特点。不同的文化背景、价值观念、利益诉求在网络空间中交织碰撞，形成了各种各样的舆论声音。这些声音中既有理性的分析和讨论，也有情绪化的宣泄和极端的观点。这种复杂性使学生在面对网络舆论时难以做出正确的判断，甚至可能被误导或产生极端思想。思政教育者需要帮助学生学会辨别网络舆论的真伪，引导他们理性看待各种观点和看法。

3.网络舆论对思政教育效果的影响

网络舆论的复杂性不仅体现在其形成和传播过程中，还体现在其对思政教育效果的影响上。一方面，积极的网络舆论可以为思政教育提供有力的支持，增强学生的认同感和归属感；另一方面，负面的网络舆论则可能对思政教育的正面效果产生抵消作用，甚至引发学生的反感和抵触情绪。因此，思政教育者需要密切关注网络舆论的走向，及时采取措施引导舆论方向，确保思政教育能够取得预期的效果。

4.网络舆论环境中的价值观冲突

新媒体时代，网络舆论环境中充斥着各种价值观的冲突和碰撞。不同的文化、不同的社会阶层、不同的年龄段在网络上表达着各自的价值观念和利益诉求。这种价值观冲突不仅体现在具体的网络事件中，也渗透到学生的日常生活中，影响着他们的思想观念和价值取向。思政教育者需要帮助学生树立正确的价值观，引导他们在网络舆论环境中保持清醒的头脑，坚守自己的道德底线和原则。

（二）引导学生正确看待网络舆论

1.提升教育者的网络素养

要引导学生正确看待网络舆论，首先要求思政教育者自身具备较高的网络素养。教育者需要熟悉网络传播规律，了解网络舆论的形成机制和特点，掌握分析网络舆论的方法和技巧。只有这样，教育者才能在网络舆论环境中游刃有余，及时捕捉有价值的信息，为学生提供有效的指导。

2.培养学生的批判性思维

批判性思维是帮助学生正确看待网络舆论的关键。思政教育者需要通过课堂教学、实践活动等多种方式，培养学生的批判性思维能力，使他们能够独立思考、理性分析网络舆论中的各种观点和看法。同时，教育者还需要引导学生学会辨别信息的真伪和可靠性，避免被虚假信息或极端观点所误导。

3.加强网络伦理道德教育

网络伦理道德教育是引导学生正确看待网络舆论的重要组成部分。思政教育者需要向学生传授网络伦理道德的基本规范和要求，引导他们树立正确的网络行为观念。同时，教育者还需要通过案例分析、讨论交流等方式，让学生深刻认识到网络舆论环境中的道德责任和义务，培养他们的网络道德自律意识。

4.构建积极的网络舆论环境

除了对学生进行直接的教育和引导外，思政教育者还需要积极参与网络舆论环境的构建。通过发布正面的信息、参与网络讨论、引导舆论方向等方式，教育者可以为网络舆论环境注入正能量，减少负面舆论的影响。同时，教育者还可以与网络媒体、社交平台等合作，共同打造健康、文明、积极的网络舆论生态。

三、学生价值观的多元化挑战

（一）价值观多元化的现状

1.信息多元导致价值观分化

新媒体时代，互联网的普及使信息获取变得极为便捷，学生不再局限于传统渠道接受教育信息，而是能够接触到来自全球各地的多元文化、观念和价值观。这种信息的多元化，一方面拓宽了学生的视野，增强了他们的包容性和开放性；另一方面，也导致了价值观的分化，使学生对同一事物可能产生截然不同的看法和评价。这种价值观的多元化现象，给思政教育的统一性带来了前所未有的挑战。

2.文化碰撞加剧价值观冲突

随着全球化的深入，不同文化之间的交流与碰撞日益频繁。学生在新媒体平台上可以轻松接触到各种异域文化，这些文化在丰富学生精神世界的同时，也带来了价值观的冲突。例如，东西方文化在价值观念、道德标准等方面存在显著差异，这些差异在学生心中交织，可能引发价值观的混乱和迷茫。思政教育者需要正视这种文化碰撞带来的挑战，引导学生正确认识和处理不同文化之间的价值观冲突。

3.个性化需求凸显教育难度

新媒体时代，学生的个性化需求日益凸显。每个学生都有自己独特的成长经历、兴趣爱好和价值追求，这使他们在价值观上呈现出鲜明的个体差异。思政教育者需要面对这种个性化需求，因材施教，但如何在尊重个体差异的同时，又能有效引导学生形成积极、健康的价值观，成为亟待解决的问题。

4.网络舆论影响价值观塑造

网络舆论作为新媒体时代的重要力量，对学生的价值观塑造产生着深远影响。网络上的热点事件、公众人物言论等都可能成为学生价值观形成的参考。

然而，网络舆论往往具有复杂性和不确定性，容易引发学生的情绪波动和极端思想。思政教育者需要密切关注网络舆论的动态，及时引导学生正确看待网络事件，避免其价值观受到不良信息的侵蚀。

（二）尊重与引导并重的教育方式

1.尊重个体差异，包容多元价值观

面对学生价值观的多元化，思政教育者首先要做的是尊重个体差异，包容多元价值观。教育者应认识到，每个学生都是独一无二的个体，他们拥有不同的成长背景和人生经历，因此形成不同的价值观是自然而然的。教育者应以开放的心态接纳学生的不同观点，鼓励他们表达自己的看法，为多元价值观的共存创造宽松的环境。

2.强化社会主义核心价值观的引领作用

在尊重多元价值观的同时，思政教育者也要强化社会主义核心价值观的引领作用。社会主义核心价值观是当代中国精神的集中体现，是凝聚中国力量的思想道德基础。教育者应通过课堂教学、实践活动等多种方式，将社会主义核心价值观融入学生的日常学习和生活中，引导他们树立正确的世界观、人生观和价值观。

3.提升教育智慧，增强引导能力

面对学生价值观的多元化挑战，思政教育者需要不断提升自己的教育智慧和引导能力。教育者应深入研究学生的心理特点和成长规律，掌握有效的教育方法和技巧。例如，通过情景模拟、角色扮演等方式，让学生在实践中体验和感悟不同价值观的影响；通过小组讨论、辩论赛等形式，引导学生深入思考、理性分析价值观问题。教育者还应善于运用新媒体工具，如社交媒体、在线课程等，拓宽教育渠道，提高教育效果。

4.加强家校合作，形成教育合力

家庭是学生学习和成长的重要场所，家长对学生的价值观形成具有重要影响。思政教育者应加强与家长的沟通与合作，共同关注学生的价值观教育。通过家长会、家访等方式，了解学生在家庭中的表现和思想动态，与家长共同探讨教育策略和方法。同时，教育者还可以邀请家长参与学校的思政教育活动，如主题班会、讲座等，形成家校共育的良好氛围。

四、思政教育在新媒体中的话语权

（一）新媒体话语权的争夺

1.话语权的重要性与挑战

新媒体时代，话语权成为影响公众思想和观念的关键力量。谁掌握了话语权，谁就能更有效地传递信息、引导舆论、塑造价值观。在新媒体环境中，话语权并非轻易可得。一方面，新媒体平台上的信息海量且繁杂，各种声音和观点层出不穷，使思政教育者难以在众多声音中脱颖而出；另一方面，新媒体的传播速度快、范围广，一旦失去对话语权的掌控，就可能导致思政教育的效果大打折扣，甚至产生负面影响。因此，思政教育者在新媒体中争夺话语权，既是一个挑战，也是一个必须面对的现实问题。

2.新媒体环境中的话语权争夺

在新媒体环境中，话语权的争夺主要体现在对信息源的控制、对传播渠道的掌握以及对受众注意力的吸引上。思政教育者需要积极寻找和创造具有新闻价值、教育意义的信息源，通过新媒体平台及时发布和传播，以吸引学生的关注和讨论。同时，教育者还需要掌握新媒体的传播规律，如利用社交媒体、短视频平台等热门渠道，提高思政教育的曝光度和传播效果。此外，教育者还需关注学生的兴趣和需求，通过精准定位和内容创新，提升学生的参与度和黏性，从而增强思政教育在新媒体中的话语权。

3.应对挑战的策略与方法

面对新媒体话语权争夺的挑战，思政教育者需要采取一系列策略和方法。首先，教育者应提高自身的媒体素养和新媒体运用能力，熟悉新媒体平台的操作规则和算法机制，以便更有效地发布和传播思政教育内容。其次，教育者需要加强与新媒体平台的合作与交流，通过平台推荐、合作推广等方式，扩大思政教育的覆盖面和影响力。最后，教育者还应注重与受众的互动和反馈，及时回应学生的疑问和关切，增强思政教育的针对性和实效性。

4.把握机遇，发挥思政教育的独特优势

虽然新媒体话语权争夺充满挑战，但也为思政教育提供了新的机遇。新媒体的交互性、即时性和个性化等特点，为思政教育提供了更加广阔的空间和更加丰富的手段。思政教育者可以充分利用新媒体的优势，创新教育方式方法，如开展在线互动、直播讲座、虚拟现实体验等，以更加生动、有趣的方式呈现思政教育内容，吸引学生的注意力，提升教育效果。同时，教育者还可以通过新媒体平台收集学生的意见和建议，及时了解学生的思想动态和需求，为思政教育的针对性和实效性提供有力支持。

（二）构建有影响力的思政教育新媒体平台

1.明确平台定位与目标受众

构建有影响力的思政教育新媒体平台，首先需要明确平台的定位和目标受众。教育者应根据学生的年龄、兴趣、需求等特点，确定平台的主题、风格和内容，以吸引学生的关注和参与。同时，教育者还需要通过数据分析、用户调研等方式，了解受众的偏好和行为习惯，为平台的运营和优化提供科学依据。

2.发布高质量、有深度的思政教育内容

内容是新媒体平台的核心竞争力。思政教育者应注重内容的质量和深度，发布具有教育意义、思想价值、时代特色的思政教育内容。这些内容可以包括时事热点解读、历史故事回顾、道德伦理探讨等，旨在引导学生正确认识世界、树立正确价值观、培养高尚品德。同时，教育者还需要注重内容的创新性和趣味性，以更加生动、形象的方式呈现思政教育内容，提高学生的阅读兴趣和参与度。

3.运用新媒体传播规律，提高传播效果

新媒体的传播规律与传统媒体有所不同，思政教育者需要掌握并运用这些规律，以提高思政教育在新媒体中的传播效果。例如，教育者可以利用社交媒体的分享机制，鼓励用户转发和分享思政教育内容，扩大传播范围；利用短视频平台的算法推荐机制，制作符合平台规则的短视频内容，提高曝光率；利用数据分析工具，了解受众的阅读习惯和时间分布，优化发布时间和频率等。

4.加强平台运营与维护，提升用户体验

构建有影响力的思政教育新媒体平台，还需要加强平台的运营与维护工作。教育者应定期更新内容、优化界面设计、提高加载速度等，以提升用户体验和满意度。同时，教育者还需要建立有效的反馈机制，及时回应用户的疑问和建议，增强用户的归属感和忠诚度。此外，教育者还可以通过举办线上活动、设置奖励机制等方式，激发用户的参与热情和积极性，为平台的长期发展奠定坚实基础。

第二章 新媒体时代高校思政教育创新的理论基础

第一节 新媒体时代高校思政教育创新的意义

一、适应新时代教育发展的需求

（一）教育模式的转变：新媒体技术与思政教育的深度融合

1.传统教育模式的局限性

教学方式单一。传统思政教育模式往往采用"一对多"的课堂讲授方式，教师作为知识的传递者，学生则处于被动接受的状态。这种教学模式忽视了学生的学习主体地位和个体差异，难以满足新时代大学生多样化的学习需求。学生之间的差异被忽视，导致部分学生可能感到课程内容过于简单而失去兴趣，而另一部分学生则可能因难以理解而感到挫败。

信息传递时效性差。传统教育模式下的信息传递往往受到时间和空间的限制，教材内容更新缓慢，难以及时反映社会热点和时代变化。同时，传统课堂缺乏有效的互动机制，学生与教师之间的交流多限于提问和回答，难以形成深层次的对话和共鸣。这种单向的信息传递方式限制了学生的思维拓展和创新能力培养。

评价体系单一。传统思政教育的评价体系往往以考试成绩为主要标准，忽视了学生在学习过程中的表现和努力。这种单一的评价方式容易导致学生为了分数而学习，而非真正理解和掌握知识。同时，它也未能全面反映学生的思政素养、道德品质和实践能力，与新时代对人才的要求存在差距。

2.新媒体技术的引入与融合

新媒体技术使思政教育内容可以以图文、视频、音频等多种形式呈现，极大地丰富了教学手段和资源。通过新媒体平台，教师可以轻松地将抽象的理论知识转化为生动具体的视听材料，使学生在轻松愉快的氛围中接受知识。这种多媒体呈现方式不仅提高了学生的学习兴趣，还增强了知识的可读性和易记性。

新媒体技术的即时性特点使师生之间的互动更加便捷。通过社交媒体平台、在线论坛等渠道，教师可以及时回答学生的疑问，解决他们在学习过程中遇到的问题。同时，教师还可以利用这些平台发起话题讨论、组织问卷调查等活动，了解学生的思想动态和学习需求，从而调整教学策略和内容，提高教学效果。

新媒体技术的个性化特点使思政教育能够针对不同学生的需求和偏好进行定制。教师运用大数据技术分析学生的学习行为和成绩，为学生提供个性化的学习资源和路径建议。

3.教学模式的创新与实践

翻转课堂模式。翻转课堂模式将传统课堂上的讲授环节移至课外，学生通过观看视频、阅读资料等方式进行自主学习。课堂上则主要进行问题讨论、案例分析等深度学习活动。这种教学模式颠覆了传统的教学流程，使课堂时间更加高效地利用于学生的深度学习和思维拓展。

混合式教学模式。混合式教学模式结合了线上学习和线下实践的优势，既发挥了新媒体技术的便捷性和丰富性，又保留了传统教学的面对面交流和实践操作。通过线上平台，学生可以随时随地获取学习资源、参与讨论；而线下课堂则为学生提供了实践机会和师生互动的空间。这种教学模式既满足了学生的学习需求，又提高了教学效果和效率。

项目式学习与协作式学习。项目式学习和协作式学习是新时代思政教育的重要模式。项目式学习以任务为驱动，引导学生在实践中学习、在解决问题中成长。协作式学习则强调团队合作和共同目标，通过小组讨论、分工合作等方式培养学生的团队协作能力和沟通能力。这两种学习模式都注重学生的主体性和实践性，有助于培养他们的创新思维和解决问题的能力。

4.教师角色的转变与能力提升

从知识传授者到学习引导者。教育模式的转变要求教师从单纯的知识传授者转变为学生学习过程的引导者和伙伴。教师需要关注学生的个体差异和学习需求，为他们提供个性化的指导和支持。同时，教师还需要激发学生的学习兴趣和主动性，引导他们自主探索、合作学习。

提升新媒体素养和信息技术应用能力。新媒体技术的引入对教师的新媒体素养和信息技术应用能力提出了更高的要求。教师需要熟练掌握新媒体工具的使用方法和技巧，能够利用这些工具进行教学设计、资源开发和评价反馈。同时，教师还需要具备信息筛选和整合的能力，能够从海量的网络资源中筛选出有价值的内容用于教学。

增强创新意识和实践能力。教育模式的创新需要教师具备更强的创新意识和实践能力。教师需要勇于尝试新的教学方法，不断探索适合新时代大学生的思政教育路径，积极参与教学研究和实践活动，总结教学经验，提高自己的教学水平。

（二）学生需求的变化：个性化与体验感的双重追求

1.个性化学习需求的凸显

新时代的大学生，成长在信息爆炸的时代背景下，互联网、社交媒体、移动设备等为他们提供了前所未有的信息获取渠道。这种信息环境的多样性，使他们的兴趣爱好、知识需求和学习风格也呈现出多元化和个性化的特点。学生不再满足于传统的"一刀切"教学模式，而是希望根据自己的兴趣、能力和未来规划，定制符合自身需求的学习内容和路径。这种个性化学习需求的凸显，对高校思政教育提出了新的挑战和机遇。

面对学生的个性化学习需求，高校思政教育必须转变传统的教学理念，从"以教师为中心"转向"以学生为中心"。这要求教育者充分尊重学生的个体差异，理解并满足他们的不同学习需求。在教学内容上，应提供丰富多样的学习资源，包括不同难度的教材、多样化的案例、实时的社会热点分析等，以满足学生不同的知识需求。在学习方式上，应鼓励学生自主选择学习路径，如提供线上线下结合的学习模式，让学生可以根据自己的时间安排和偏好进行学习。

高校思政教育还应构建个性化的学习路径，如分析学生的学习习惯、兴趣点和能力水平，为他们推荐合适的学习资源和学习活动；利用智能学习系统，为学生提供个性化的学习反馈和辅导，帮助他们更有效地掌握所学知识。

2.学习体验感的重视

在体验经济时代，消费者越来越注重产品或服务的整体体验。同样，在学习领域，学生也越来越重视学习的体验感。他们不仅关注知识的获取，更期待在学习过程中获得愉悦、成就感和自我价值的实现。因此，提升学生的学习体验感，成为高校思政教育不可忽视的重要方面。

为了提升学生的学习体验感，高校思政教育应注重教学过程的趣味性和互动性。在教学方法上，可以采用小组讨论、角色扮演、模拟演练等多样化的教学方式，让学生在参与中学习，在实践中成长。利用虚拟现实、增强现实等前沿技术创造沉浸式的学习环境，使学生能够身临其境地体验学习内容，从而加深对知识的理解和记忆。

除了教学方法的创新外，营造宽松、自由的学习氛围也是提升学生学习体验感的关键。教育者应鼓励学生表达自己的观点和想法，尊重他们的意见和选择。在课堂上，可以设立"开放麦克风"环节，让学生有机会分享自己的见解和感受。同时，通过组织课外活动、学术讲座、文化交流等，拓宽学生的视野，增强他们的学习兴趣和动力。

3.教学内容与方法的创新

高校思政教育的教学内容应紧跟时代步伐，及时反映社会热点和时代变化。教育者应关注国内外时事政治、经济动态、文化现象等，将这些内容融入教学中，使学生能够了解并思考现实问题，引入具有时代性、针对性和感染力的案例，增强教学内容的吸引力。

高校思政教育应采用更加灵活多样的教学方法，尝试使用翻转课堂、混合式学习、项目式学习等新型教学模式。这些教学模式强调学生的主体地位和参与度，通过自主探索、合作学习等方式，激发学生的学习兴趣和主动性。

新媒体技术的发展为高校思政教育提供了新的教学工具和平台。教育者可以利用在线学习平台、社交媒体、移动应用等，开展远程教学、在线讨论、实时互动等活动。这些新媒体技术不仅能够打破时间和空间的限制，为学生提供更加便捷、高效的学习途径，还能够增强教学的互动性和趣味性，提升学生的学习体验感。

4.评价体系的完善与多元化

传统的思政教育评价体系往往以考试成绩为主要依据，这种终结性评价方式忽视了学生在学习过程中的表现和努力。因此，高校思政教育应采用过程性评价与终结性评价相结合的方式。过程性评价关注学生的学习态度、参与度、合作精神等，通过课堂观察、作业反馈、小组讨论等方式进行。终结性评价则侧重于学生对知识的掌握程度和应用能力，通过考试、论文、项目等方式进行。两者相结合，能够更全面、客观地评价学生的学习成果和综合素质。

除了传统的教师评价外，高校思政教育还应引入学生自评、互评等评价方式。学生自评能够让学生对自己的学习过程和成果进行反思和总结，增强他们的自我认知和自我管理能力。互评则能够促进学生之间的相互学习和交流，培养他们的团队协作能力和批判性思维。此外，还可以引入校外专家评价、社会实践评价等多元化评价方式，从多个角度全面评价学生的学习成果和综合素质。

学生的学习是一个动态发展的过程，因此评价体系也应具有动态性。高校思政教育应建立动态评价体系，定期对学生的学习情况进行评估和反馈。通过定期的测试、问卷调查、面谈等方式，了解学生的学习进展和存在的问题，及时调整教学策略和内容。同时，鼓励学生参与评价体系的制定和修改，让评价体系更加符合他们的需求和期望。

二、提升思政教育的质量与效果

（一）丰富教学手段和内容

1.新媒体技术拓宽教学资源渠道

在新媒体时代，信息的传播速度和广度达到了前所未有的水平。微博、微信公众号、短视频平台等新媒体平台，成为信息传播的重要渠道。这些平台上汇聚了海量的教育资源，包括时事新闻、专家讲座、社会热点解读、历史文化普及等，内容涵盖广泛，形式多样。高校思政教育者可以充分利用这些资源，根据教学主题和学生需求，灵活选择和整合，制作出既符合教学内容又具有吸引力的课件和教案。例如，结合当前社会热点，引入相关专家的解读视频或文章，使学生在了解时事的同时，也能听到专业的声音，拓宽他们的视野。

新媒体平台上的资源更新迅速，能够紧跟时代步伐，反映社会最新动态。教育者可以通过关注新媒体平台上的热门话题和趋势，及时将这些内容融入教学中，使课堂讨论更加生动、有趣。同时，这种紧跟时代的教学方式，也能够激发学生的学习兴趣，增强他们的学习动力。

新媒体平台还具有资源共享和交流的功能。教育者可以建立自己的公众号或微博账号，分享教学资源、教学心得和研究成果，也可以鼓励学生参与这些平台的互动，分享他们的学习体会和见解。

2.多媒体元素提升教学效果

多媒体元素，如视频、音频、动画、图表等，能够将抽象的理论知识转化为直观、易懂的内容。在思政教育中，这种转化尤为重要。例如，通过播放历史事件的纪录片或动画演示，可以让学生身临其境地感受历史的厚重与沧桑，从而更深刻地理解历史事件的背景和意义。同样，通过图表和动画来展示社会现象和数据，可以帮助学生更加直观地理解社会运行的规律和趋势。

多媒体元素的使用，还能够极大地增强学生的学习兴趣和效果。与传统的文字讲解相比，视频、动画等多媒体内容更加生动有趣，能够吸引学生的注意力，激发他们的学习兴趣。同时，多媒体元素还能够通过视觉、听觉等多种感官刺激，加深学生对知识的理解和记忆，提高教学效果。

多媒体元素的应用，为思政教育者提供了更多的教学方式和手段。教育者可以根据教学内容和学生的特点，灵活选择和使用不同的多媒体元素，设计出富有创意和实效的教学活动。例如，通过制作互动式的动画或游戏，让学生在游戏中学习思政知识；或者通过在线直播的方式，邀请专家进行实时讲座和答疑，增强教学的互动性和实效性。

3.互动式学习激发学生主动性

新媒体平台具有强大的互动功能，如在线问答、投票、小组讨论等。这些功能为思政教育者提供了与学生进行实时互动和沟通的途径。教育者可以利用这些功能，设计互动式学习活动，激发学生的学习兴趣和主动性。例如，在讲到某个社会热点问题时，可以发起在线投票或问答，让学生表达自己的观点和立场；或者组织小组讨论，让学生围绕某个主题进行深入探讨和交流。

互动式学习强调学生的主体地位和参与度。在新媒体技术的支持下，学生可以更加积极地参与学习过程，成为知识的探索者和发现者。通过在线讨论、小组合作等方式，学生可以自由地表达自己的观点和想法，与其他同学进行思想碰撞和观点交流。这种主体性的发挥，不仅能够增强学生的自信心和表达能力，还能够促进他们批判性思维和创新能力的发展。

新媒体平台的互动功能，还能够为教育者提供即时的反馈和评估。通过在线问答、投票等方式，教育者可以及时了解学生对知识点的掌握情况和理解程度，从而调整教学策略和内容。同时，学生也可以通过这些互动方式，获得来自教育者和其他同学的即时反馈和评估，帮助他们更好地认识自己的学习状况和不足，进而进行有针对性的改进和提升。

（二）增强师生互动与交流

1.新媒体平台打破时空限制

（1）即时通信工具的普及与应用。随着新媒体技术的迅猛发展，微信、QQ、钉钉等即时通信工具已成为人们日常生活中不可或缺的沟通方式。这些工具以其便捷性、即时性和高效性，为高校思政教育中的师生互动提供了前所未有的便利。教师可以利用这些工具，不受时间和地点限制地与学生保持联系，无论是课后的答疑解惑，还是对学生思想动态的及时了解，都能通过这些即时通信工具轻松实现。

（2）异步交流的补充与完善。新媒体平台还支持异步交流，如留言板、论坛等，学生可以在任何时间提出问题或分享心得，而教师则可以在方便时给予回复。这种异步交流的方式，既保证了交流的连贯性，又尊重了师生的个人时间安排，使互动更加自然和顺畅。

（3）线上线下融合的互动模式。新媒体平台不仅为线上互动提供了可能，还能与线下教学形成有效互补。教师可以通过线上平台发布预习任务、课后作业或学习资源，学生在完成这些任务后，可以通过线上平台反馈学习情况。

同时，线下课堂上的讨论和互动也能通过线上平台进行延伸和深化，形成线上线下相互融合的互动模式。这种融合不仅丰富了教学手段，还提高了教学效果，使学生在任何时间、任何地点都能感受到教师的关怀和指导。

2.深度互动促进师生情感交融

在新媒体平台上，教师可以通过文字、语音、视频等多种方式与学生进行深度互动。这种多维度的互动方式，使师生之间的交流不再局限于学习内容的讨论，还可以涉及生活、情感、价值观等多个方面。通过分享生活点滴、交流思想感悟，教师可以更加深入地了解学生的内心世界和需求，学生也能在教师的引导下，逐渐敞开心扉，表达真实的自我。

深度的互动和交流往往伴随着情感的交融。当教师以真诚和关爱的态度与学生交流时，学生很容易感受到这份温暖和关怀，从而产生情感上的共鸣。这种共鸣不仅增强了师生之间的情感联系，还促进了信任的建立。学生开始更加信任教师，愿意分享自己的心事和困惑，而教师也能在学生的信任中，更加准确地把握学生的思想动态，为后续的思政教育提供有力的支持。

对于学习上有困难的学生，教师可以给予额外的辅导和鼓励；对于情感上遇到挫折的学生，教师可以提供倾听和安慰。这种个性化的指导和支持帮助学生解决了实际问题，还让他们感受到了来自教师的关爱和尊重。

3.反馈机制优化教学效果

新媒体平台为师生提供了多元化的反馈渠道。教师可以通过学生的在线评价、留言、问卷等方式，收集学生对教学内容、教学方法、教学效果等方面的反馈意见。这些反馈意见既可以是定性的描述性评价，也可以是定量的数据化分析，为教师提供了全面而客观的反馈信息。

通过新媒体平台收集的反馈意见，教师可以及时了解到教学中的问题和不足。对于普遍反映的难点和疑点，教师可以及时调整教学策略，增加相关内容的讲解和练习；对于教学方法上的不足，教师可以尝试新的教学方法和手段，以提高学生的学习兴趣和参与度。这种及时反馈和调整的教学策略，使思政教育更加符合学生的需求和期望，从而提高了教学效果。

反馈机制不仅是一次性的评价过程，更是一个持续改进的过程。教师可以通过对反馈意见的分析和总结，不断反思和改进自己的教学实践。这种持续改进的过程不仅有助于教师自身专业素养的提升，还能推动思政教育质量的整体提升。同时，学生也能在教师的不断改进中，感受到教学质量的提升和学习效果的增强，从而更加积极地参与思政教育活动。

4.构建互动生态系统提升教育质量

在新媒体时代，高校思政教育应充分利用新媒体平台的优势，整合教师、学生、教学内容、教学方法、教学平台等多方资源，构建一个互动生态系统。这个生态系统以新媒体平台为载体，以教师为主导，学生为主体，通过多方资源的互动和协作，形成一个有机整体。在这个生态系统中，教师可以利用新媒体平台发布教学资源、组织线上讨论、进行实时答疑等；学生可以积极参与其中，通过线上学习、交流、反馈等方式，与教师和同学进行深度互动。同时，教学内容和方法也可以根据学生的需求和反馈进行不断优化和改进，使思政教育更加贴近学生的实际生活，更加符合时代发展的需要。

在互动生态系统中，学生不再是被动的接受者，而是积极的参与者和创造者。新媒体平台为学生提供了丰富的学习资源和便捷的学习工具，使学生可以随时随地自主学习、自主探究。教师可以通过设置学习任务、引导学习方向等方式，激发学生的自主学习兴趣和学习动力。同时，新媒体平台还支持学生之间的协作学习和创新实践，学生可以通过线上小组讨论、项目合作等方式，共同解决问题、创造价值。这种自主学习和协作学习的模式，不仅提高了学生的学习效率和学习成果，还培养了学生的创新思维和实践能力。

构建互动生态系统的最终目的是提升教育质量，而思政教育作为高校教育的重要组成部分，对于培养学生的综合素质具有重要意义。在互动生态系统中，教师可以通过新媒体平台对学生进行全面的思政教育，包括政治教育、道德教育、法制教育等方面。同时，教师还可以结合社会热点和时事新闻，引导学生进行深入思考和讨论，培养他们的社会责任感和公民意识。通过这种全面而深入的思政教育，不仅可以提升学生的思想政治素质，还能培养他们的道德品质和法律意识，为他们的全面发展奠定坚实的基础。

互动生态系统是一个动态发展的过程，需要不断地进行优化和完善。教师可以通过对学生的学习数据和学习行为进行分析和挖掘，了解学生的学习需求和偏好，为个性化教学提供有力支持。同时，教师还可以根据教学效果和反馈意见，对教学内容和方法进行持续改进和创新，使思政教育更加符合学生的学习规律和认知特点。此外，高校还可以加强与社会的联系和合作，引入更多的社会资源和力量参与思政教育活动，共同推动教育的发展和进步。

三、推动思政教育现代化进程

（一）促进教育信息化发展

1.教学资源数字化与网络化的实现

在新媒体时代，高校思政教育应紧跟时代步伐，将传统的教学资源如纸质教材、教辅资料等转化为数字化形式，包括电子书、在线课程视频、音频讲座、互动课件等。这些数字化资源不仅易于存储和分发，而且能够跨平台访问，使学习不再受限于特定的时间和空间。通过构建统一的数字化资源库，教师可以方便地上传、管理和更新教学资源，而学生则可以随时随地通过智能手机、平板电脑或电脑等设备访问这些资源，进行自主学习和复习。此外，数字化资源的共享性还促进了教师之间的交流与合作，有助于形成丰富多样的教学资源库，为思政教育的现代化提供强有力的支撑。

网络化教学平台是实现教学资源数字化与网络化应用的关键。高校可以依托慕课、微课、在线学习社区等平台，构建思政教育的网络化教学体系。这些平台不仅提供了课程发布、视频播放、在线测试等功能，还支持学生之间的互动交流、作业提交和批改等，形成了一个完整的教学闭环。网络化教学平台的使用，使学生能够根据自己的时间安排和学习进度，灵活选择学习内容和学习方式，提高了学习的自主性和效率。同时，教师也可以通过平台的数据分析功能，了解学生的学习情况和学习需求，为后续的教学设计和调整提供依据。

数字化与网络化的融合创新是提升思政教育质量的重要途径。高校可以探索将虚拟现实、增强现实等新技术应用于思政教育中，创造沉浸式的学习环境，使学生能够在虚拟的场景中体验历史事件、社会现象等，增强学习的直观性和趣味性。同时，还可以利用社交媒体、短视频等流行的新媒体形式，制作和传播思政教育的微内容，吸引学生的注意力和兴趣，拓宽思政教育的传播渠道和影响力。

2.教学管理与服务的智能化升级

（1）大数据驱动的教学管理。大数据技术的应用为思政教育的教学管理带来了革命性的变化。通过收集和分析学生的学习数据，如学习时间、学习路径、测试成绩等，教师可以获得精准的教学反馈，了解学生的学习习惯和学习效果。这些数据还可以用于预测学生的学习趋势和可能遇到的问题，为教师提供个性化的教学建议，实现因材施教。同时，大数据还可以帮助学校进行教学质量的监控和评估，为教学改进提供科学依据。

（2）智能化的教学服务系统。智能化的教学服务系统能够自动处理大量的教学事务，如选课、考勤、成绩管理等，大大提高了教学效率和管理水平。通过构建智能化的教学管理系统，学校可以实现教学流程的自动化和标准化，减少人为错误和重复劳动。此外，智能化的学习支持系统，如智能答疑系统、学习路径推荐系统等，可以根据学生的学习情况和需求，提供个性化的学习建议和资源，帮助学生更好地规划学习路径，提高学习效率。

（3）智能化的教学辅助工具。除了教学管理和学习支持系统的智能化升级外，新媒体技术还为思政教育提供了丰富的智能化教学辅助工具。例如，教师可以利用语音识别和合成技术，制作语音课件和语音答疑，方便学生在不同场景下进行学习；利用自然语言处理技术，进行文本分析和情感识别，了解学生的思想动态和情感状态；利用人工智能算法，进行教学内容的个性化推荐和智能测评等。这些智能化的教学辅助工具不仅提高了教学的便捷性和趣味性，还增强了教学的针对性和有效性。

3.课程设计与教学评价的科学化

新媒体技术为思政课程的创新设计提供了无限可能。教师可以利用新媒体平台上的海量资源，如时事新闻、社会热点、学术研究成果等，及时更新课程内容，使之更加贴近现实、反映时代特征。例如，通过引入短视频、动画、图表等多媒体元素，将抽象的理论知识以直观、生动的方式呈现出来，提高课程的吸引力和感染力。教师还可以利用新媒体的交互性，设计互动式课程环节，如在线投票、小组讨论、角色扮演等，激发学生的学习兴趣和参与度，使思政课程不再是单向的知识灌输，而是双向或多向的互动交流。

新媒体技术使教学数据的收集和分析变得前所未有的便捷。教师可以通过学习管理系统或其他数据分析工具，跟踪学生的学习行为，如访问频率、学习时间、测试成绩等，以及学生对课程内容的反馈和评价。这些数据为课程的持续优化提供了客观依据。教师可以根据数据分析结果，识别出课程中的难点、疑点或学生普遍感兴趣的部分，进而调整课程内容、教学方法或评估方式，确保课程更加符合学生的学习需求和认知规律。

新媒体时代，教学评价也应向多元化、全面化发展。除了传统的考试和作业评价外，教师还可以利用新媒体平台，如在线问卷、社交媒体、学习社区等，收集学生对课程的即时反馈和长期评价。这些评价可以涵盖课程内容的实用性、教学方法的有效性、学习资源的丰富性等多个维度，为课程的持续改进提供全面而深入的参考。同时，教师还可以鼓励学生进行自我评价和同伴评价，培养学生的自我反思能力和批判性思维，促进他们的全面发展。

4.推动思政教育的国际化交流

新媒体技术打破了地理和文化的界限，为思政教育的国际化交流提供了广阔的平台。高校可以依托在线学习社区、国际学术论坛等，构建跨国界的学习交流平台。在这些平台上，国内外教师和学生可以围绕共同的主题或问题进行深入讨论，分享各自的观点和经验，增进相互理解和尊重。这种跨文化交流不仅有助于拓宽学生的国际视野，还能培养他们的跨文化沟通能力和全球公民意识。

新媒体技术也促进了思政教育国际合作项目的开展。高校可以与国外高校或研究机构建立合作关系，共同开发在线课程、举办国际研讨会、进行联合研究等。这些合作项目不仅有助于引进国外先进的思政教育理念和教学方法，还能将中国的思政教育成果推向世界，提升中国思政教育的国际影响力。同时，通过参与国际合作项目，学生也能获得更多与国际同行交流的机会，提升他们的国际竞争力。

高校可以与国际知名教育机构、图书馆、博物馆等建立合作关系，引进国外优质的思政教育资源，以丰富思政课程的教学内容，为学生提供更多元化的学习体验。同时，高校还可以鼓励教师参与国际学术交流和合作研究，将国际前沿的思政教育理论和实践经验引入课堂教学，提升学生的国际化素养和创新能力。

（二）培养现代化人才

1.培养高度社会责任感

在新媒体时代，信息传播的速度和广度前所未有，这为高校思政教育引导学生关注社会现实提供了得天独厚的条件。高校可以充分利用微博、微信公众号、短视频平台等新媒体工具，及时发布社会热点话题、时事评论和深度报道，引导学生深入思考社会问题，如环境保护、社会公正、科技创新等。通过这些话题的讨论和分析，学生可以更加全面地了解社会的多元性和复杂性，认识到自己作为社会成员的责任和使命。同时，新媒体的互动性也使学生能够更加积极地讨论社会话题，表达自己的观点，从而培养了他们的社会责任感。

高校可以组织志愿服务、社会调查、公益项目等实践活动，让学生亲身体验社会生活的各个方面。在新媒体技术的支持下，这些实践活动可以更加广泛地传播和记录，形成良好的社会影响。例如，通过直播平台展示志愿服务活动的过程和成果，不仅可以激励更多的学生参与其中，还能让社会公众更加了解和支持这些活动。此外，高校还可以利用大数据分析社会实践活动的效果和影响，为后续的实践活动提供科学依据和改进方向。

新媒体平台上的舆论环境复杂多变，高校思政教育需要积极引导学生树立正确的价值观和道德观念。通过开设网络思政课程、举办线上讲座和研讨会等方式，教师可以向学生传授正确的价值观理念，如爱国主义、集体主义、社会主义核心价值观等。同时，高校还可以利用新媒体平台上的意见领袖和正能量传播者，形成积极向上的舆论氛围，引导学生树立正确的道德标准和行为准则。这种价值观塑造和舆论引导，有助于培养学生的社会责任感和道德担当，使他们成为有担当、有作为的新时代青年。

2.提升道德品质与人文素养

高校思政教育应注重人文社科类课程的设置和教学创新。通过开设哲学、文学、历史、艺术等人文社科类课程，学生可以系统地学习人类文明的精华和文化遗产，提升自己的文化底蕴和人文素养。在新媒体技术的支持下，这些课程可以更加生动有趣地呈现给学生。例如，利用虚拟现实技术重现历史事件或艺术作品，让学生身临其境地感受文化的魅力；通过在线互动平台进行讨论和交流，加深学生对课程内容的理解和思考。

依托图书馆、博物馆、艺术馆等的在线新媒体平台，向学生展示和推荐经典文学、历史纪录片、传统艺术等优秀文化资源。学生欣赏和学习这些资源，深入地了解中华优秀传统文化的精髓和价值，培养自己的文化自信和审美能力。高校还可以鼓励学生参与文化资源的创作和传播，如制作短视频、撰写文化评论等，以更加积极的方式传承和弘扬优秀文化。

开设道德教育课程，举办道德讲堂和道德实践活动，向学生传授正确的道德观念和道德规范。在新媒体技术的支持下，道德品质的塑造可以更加贴近学生的实际生活。例如，利用社交媒体平台开展道德故事分享活动，让学生讲述自己或他人的道德故事，感受道德的力量和温暖；通过在线道德测评系统，帮助学生了解自己的道德水平和需要改进的地方，从而更加自觉地提升自己的道德品质。

3.培养批判性思维与创新精神

在新媒体时代，信息爆炸带来了海量的知识和观点，培养学生的批判性思维显得尤为重要。高校思政教育应构建一套系统的批判性思维课程体系，从逻辑思维、辩证思维、证据评估等多个维度提升学生的思维能力。例如，开设"批判性思维与方法论"课程，教授学生如何识别信息来源的可靠性、如何分析论证的结构和逻辑、如何评估证据的有效性和相关性等。通过这些课程的学习，学生能够更加理性地分析和评价各种信息和观点，形成独立的思考和判断能力。

创新精神是推动社会进步的重要动力。高校思政教育应通过多种创新的教学活动，激发学生的创新意识和实践能力。例如，组织"模拟联合国"活动，让学生就国际热点问题进行辩论和协商，锻炼他们的跨文化交流能力和解决问题的能力；开设"创新思维工作坊"，通过案例分析、头脑风暴、设计思维等方法，引导学生探索新的想法和解决方案；举办"创新创业大赛"，鼓励学生将创新思维转化为实际的项目和产品，培养他们的创业精神和团队协作能力。

高校可以依托新媒体技术，建立在线创新实验室、虚拟仿真平台等，让学生能够在虚拟环境中进行实验和创新。例如，利用虚拟现实技术模拟复杂的社会系统或自然现象，让学生进行模拟实验和研究；通过在线协作平台，学生可以跨越地域限制，与国内外同行进行合作创新。这些新媒体技术的应用，不仅降低了创新实践的成本和风险，还提高了创新的效率和效果。

4.提供广阔的学习平台与实践机会

高校应构建包括在线课程、慕课、微课、学习社区等在内的多元化学习平台，满足学生不同的学习需求和学习方式。例如，与国内外知名高校和机构合作，引进优质的在线课程资源；建立校内学习社区，鼓励学生进行自主学习和协作学习；利用短视频平台、直播平台等新媒体工具，开展形式多样的学习活动和知识分享。这些学习平台的建立，不仅能够拓宽学生的学习视野，还能提高他们的学习效率和自主学习能力。

高校应通过多种途径拓展学生的实践机会，如建立实习实训基地、开展校企合作项目、组织社会实践和志愿服务活动等。在新媒体技术的支持下，这些实践机会可以更加广泛地覆盖和深入地开展。例如，利用在线实习平台，远程参与企业的实际工作，获得真实的职业体验；在社交媒体平台发布社会实践项目，吸引更多的用户学生参与其中，提高他们的社会实践能力和社会责任感。

高校应充分利用新媒体技术的优势，整合资源，为学生提供更加全面和个性化的学习和发展机会。例如，建立学生发展中心，整合学术资源、职业资源、心理辅导资源等，为学生提供一站式的学习和发展服务；利用大数据分析学生的学习行为和兴趣，为他们推荐个性化的学习资源和实践活动；建立校友网络和行业联系，为学生提供更多的职业机会和发展平台。这些资源的整合和利用，有助于促进学生的全面发展，提高他们的综合素质和竞争力。

第二节　新媒体时代高校思政教育创新的原则

一、坚持正确政治方向原则

（一）坚定政治立场

1.明确政治方向，强化价值引领

坚定政治立场，首要任务是深刻理解并贯彻党的教育方针，确保思政教育的政治方向正确无误。思政教育者需将党的教育方针内化于心、外化于行，将社会主义核心价值观作为思政教育的核心内容，贯穿于教育教学的全过程。通过系统讲授、深入解读和生动实践，使学生深刻理解社会主义核心价值观的国家层面、社会层面和个人层面的价值要求，从而树立正确的世界观、人生观和价值观。

面对新媒体时代学生信息获取方式的多样化和学习方式的变革，思政教育者必须紧跟时代步伐，创新教育方式方法。利用新媒体技术，如微博、微信、短视频平台等，开展线上线下的混合式教学，提高教育的针对性和实效性。通过案例分析、专题研讨、模拟演练等多种形式，将抽象的理论知识转化为具体可感的实践体验，使学生在参与中领悟、在体验中升华，从而更加深刻地认同和践行社会主义核心价值观。

高校思政教育不仅要传授知识，更要引领价值。思政教育者应以学生为中心，关注他们的思想动态和价值需求，通过个别谈心、小组讨论、心理咨询等方式，及时解决学生在价值观形成过程中的困惑和问题。同时，要积极开展榜样教育，树立和宣传一批具有时代特色、符合社会主义核心价值观要

求的先进典型，用榜样的力量引导学生向上向善，培育具有高尚品德、创新精神和实践能力的时代新人。

2.紧跟时代步伐，更新教育理念

高校应充分利用大数据分析、人工智能、虚拟现实等新技术，构建智能化的思政教育平台，实现教育资源的共享和优化配置，以在线学习社区、虚拟仿真实验、个性化学习路径等创新方式，满足学生多样化的学习需求，提高教育的吸引力和感染力。

思政教育者应密切关注国内外形势的变化，特别是党的最新理论成果和政策精神，及时将其融入教学内容，使思政教育始终与时代同步。通过开设时事热点课程、举办形势报告会、组织专题研讨会等方式，引导学生深入了解国家大事、关注社会热点，增强他们的国家意识和社会责任感。

新媒体时代要求思政教育者转变传统的教育观念，从以知识传授为中心转向以学生全面发展为中心。思政教育者应注重培养学生的创新精神、实践能力和团队协作能力，鼓励他们积极参与社会实践、志愿服务和创新创业等活动，通过实践锻炼提升自己的综合素质和能力水平。

3.强化师资建设，提升政治素养

思政教育者作为思政教育的实施者，其政治素养直接关系到教育的质量和效果。高校应定期组织思政教育者参加政治学习和业务培训，通过集中学习、专题研讨、经验交流等方式，提高他们的政治理论水平和教育教学能力。同时，要鼓励思政教育者自觉加强自我学习，不断提升自己的政治觉悟和理论素养。

高校应建立完善的考核评价机制，对思政教育者的政治素养、教学能力、科研成果等方面进行全面评价。通过定期开展教学竞赛、评选优秀思政教育者等活动，激励思政教育者不断提升自身素质，更好地履行教书育人的职责。同时，要将考核结果与职称晋升、薪酬待遇等挂钩，形成有效的激励机制，推动思政教育者队伍的整体提升。

师德师风是思政教育者的灵魂和基石。高校应加强师德师风建设，制定完善的师德规范和行为准则，引导思政教育者树立良好的职业道德和职业操守。通过开展师德师风教育活动、评选师德标兵等活动，营造尊师重教的良好氛围，激励思政教育者以身作则、率先垂范，成为学生健康成长的引路人。

（二）抵御不良思潮侵蚀

在当今新媒体时代，信息的快速传播与交织使各种思潮纷至沓来，其中不乏错误、消极甚至反动的思想观点。这些不良思潮对学生的侵蚀尤为严重，不仅影响他们的价值观形成，还可能对其心理健康造成长远的不良影响。作为思政教育者，有责任也有义务采取有效措施，全方位抵御不良思潮的侵蚀，为学生营造健康、积极的成长环境。

1.增强辨识能力，识别不良思潮

思政教育者应首先培养学生的批判性思维，教会他们如何从多角度、多层次分析问题，不盲目接受信息，而是学会质疑、求证。通过课堂讨论，鼓励学生提出不同观点，进行辩论，以此锻炼他们的逻辑思维和判断能力。同时，引入案例分析，让学生在实际情境中学习如何识别并抵制不良思潮的侵蚀，增强其实战经验。

思政教育者应指导学生如何有效利用网络资源，识别信息的来源、作者、发布时间等关键要素，判断信息的真实性和可信度；还应教授学生如何使用搜索引擎、数据库等工具进行高效的信息检索和筛选，帮助他们从海量信息中筛选出有价值的内容，避免被不良思潮所误导。

价值观是抵御不良思潮的第一道防线。思政教育者应加强对学生的社会主义核心价值观教育，引导他们树立正确的世界观、人生观和价值观。通过讲述英雄事迹、历史事件等方式，激发学生的爱国情怀和民族自豪感，增强他们对不良思潮的免疫力和抵抗力。同时，鼓励学生积极参与社会实践活动，将所学理论知识转化为实际行动，进一步巩固和深化价值观教育。

2.加强舆论引导，营造健康环境

在新媒体时代，信息传播速度快、范围广，思政教育者应充分利用这一特点，及时发布权威信息，回应社会关切和热点话题。通过官方渠道发布准确、客观的信息，可以有效避免谣言和误解的传播，减少不良思潮的滋生空间。同时，对于网络上出现的错误观点和不实言论，要及时进行澄清和反驳，引导学生正确认识问题。

网络环境的健康与否直接影响着学生的成长。思政教育者应积极配合相关部门加强网络监管，打击网络谣言等不良信息的传播。同时，要加强与网络平台的沟通合作，共同构建清朗的网络空间。对于发现的不良信息和账号，要及时举报并处理，维护网络环境的纯净和秩序。

思政教育者应充分利用新媒体平台，发布正面、积极的信息和内容，引导学生树立正确的舆论导向。通过分享优秀事迹、感人故事等方式，传递正能量，激发学生的向善之心。同时，要鼓励学生积极参与网络讨论和评论，发表自己的观点和看法，但也要引导他们注意言辞的文明和理性，避免情绪化的表达和攻击性的言论。

3.注重心理疏导，提升抗压能力

（1）开设心理健康课程。思政教育者应重视学生的心理健康教育，开设专门的心理健康课程，教授学生如何调节情绪、缓解压力、处理人际关系等基本技能。通过课程学习，帮助学生建立正确的心理观念，提高他们的自我认知和自我调节能力。

（2）提供心理咨询服务。除了课堂教学外，思政教育者还应提供心理咨询服务，为学生提供一个倾诉心声、寻求帮助的平台。通过专业的心理咨询，及时发现并解决学生的心理问题，防止不良思潮对其造成进一步的伤害。同时，要建立健全的心理危机干预机制，对于出现严重心理问题的学生，要及时进行干预和治疗。

（3）引导积极参与社会实践。社会实践是锻炼学生心理素质、提升抗压能力的重要途径。思政教育者应鼓励学生积极参与社会实践活动和志愿服务活动，让他们在实践中体验成功与失败、快乐与挫折，培养积极向上的心态和乐观的生活态度。通过社会实践，学生不仅可以增长见识、拓宽视野，还可以增强自信心和责任感，更好地抵御不良思潮的侵蚀。

4.建立联动机制，形成教育合力

思政教育者应积极与政府、企业、社会组织等建立联动机制，加强沟通合作，以共同举办活动、开展宣传教育等方式，形成教育合力，共同构建思政教育的社会支持体系。同时，要充分利用社会资源，为学生提供更多元化的教育和实践机会。

思政教育者应加强与家长的沟通联系，定期召开家长会或进行家访，了解学生在家庭中的表现和思想动态；引导家长树立正确的教育观念，注重孩子的全面发展，积极参与孩子的思政教育过程。

随着新媒体的不断发展，思政教育也应与时俱进，构建完善的网络体系。思政教育者应充分利用网络平台和社交媒体等工具，开展线上思政教育，拓宽教育渠道和方式。同时，要加强与其他学校、地区乃至国际间的思政教育交流与合作，共享教育资源和经验成果，共同提升思政教育的针对性和实效性。

二、遵循教育规律与原则

（一）因材施教，个性化教学

在新媒体时代，学生群体的多元化、个性化特征日益显著，这对传统的思政教育模式提出了新的挑战。为了更有效地传递思政教育的核心价值，教育者必须转变教学理念，采取因材施教、个性化教学的策略。以下将从精准识别学生差异、构建多元化教学资源库、实施差异化教学策略以及建立个性化评价体系四个方面，详细探讨如何在新媒体时代实现思政教育的个性化教学。

1.精准识别学生差异，奠定个性化教学基础

新媒体平台不仅为学生提供了丰富的学习资源，也为教育者提供了宝贵的数据来源。通过对学生在社交媒体、在线学习平台上的行为数据进行分析，教育者可以深入了解每位学生的兴趣爱好、学习风格、认知水平等个体差异。例如，通过分析学生浏览的学习内容、参与讨论的频率和深度，可以大致判断其学习偏好和潜在需求。这些数据为教育者制定个性化的教学计划提供了科学依据。

基于新媒体平台收集的数据，教育者可以为每位学生建立详细的个人档案，记录其学习进度、成绩变化、参与活动情况等信息。通过持续跟踪学生的成长轨迹，教育者可以更加准确地把握每位学生的学习状态和发展趋势，为后续的个性化教学提供有力支持。

虽然新媒体平台提供了丰富的数据资源，但线下交流仍然是了解学生不可或缺的方式。教育者应定期与学生进行面对面的沟通，了解他们的思想动态、学习困惑和生活状况。通过线上线下相结合的方式，教育者可以更加全面、深入地了解学生，为个性化教学奠定坚实基础。

2.构建多元化教学资源库，满足个性化学习需求

高校应充分利用新媒体技术，整合国内外优质的思政教育资源，构建包含视频教程、音频讲座、电子图书、互动游戏等多种形式的资源库。这些资源应涵盖思政教育的各个方面，如政治理论、道德伦理、法律法规等，以满足不同学生的学习需求。

在构建资源库时，教育者应注重资源的分层分类设计。对于基础知识部分，可以提供简洁明了的讲解和巩固练习；对于拓展知识部分，则可以设置深入探讨和案例分析的内容。同时，根据学生的学习水平，将资源分为初级、中级和高级等不同层次，以便学生根据自己的实际情况进行选择。

教育者应鼓励学生积极参与资源的创作和分享，形成师生共建、共享的

良好生态。通过设立学生作品展示区、举办创意大赛等方式,激发学生的创作热情,让他们的作品成为资源库中的重要组成部分。这不仅能够丰富资源库的内容,还能够增强学生的参与感和归属感。

3.实施差异化教学策略,激发个性化学习潜能

基于对学生差异的精准识别,教育者应采取分层教学的策略。对于基础薄弱的学生,可以采用"小步快跑"的方式,提供基础知识的巩固练习和逐步引导;对于学有余力的学生,则可以设置挑战性任务,鼓励他们进行自主探究和深度学习。通过分层教学,确保每位学生都能在适合自己的难度层次上得到提升。

教育者应根据学生的学习风格和兴趣特点,灵活运用多种教学方法。例如,对于喜欢视觉学习的学生,可以多使用图片、视频等多媒体资料;对于喜欢动手操作的学生,则可以设计实验、模拟等活动。通过多样化的教学方法,激发学生的学习兴趣和积极性。

新媒体平台的即时反馈机制为教育者提供了与学生实时互动的机会。教育者可以通过平台及时了解学生的学习进度和困难,提供个性化的指导和支持。同时,还可以利用平台的讨论区、留言板等功能,鼓励学生之间互相交流、解答疑惑,形成良好的学习氛围。

4.建立个性化评价体系,促进全面发展

个性化教学需要与之相匹配的评价体系。高校应建立多元化的评价机制,既关注学生的知识掌握情况,又重视其能力发展、情感态度和价值观的形成。通过课堂表现、作业完成度、参与活动情况等多个维度对学生进行评价,全面衡量学生的表现和发展。

新媒体平台可以实现对学生学习过程的持续跟踪和记录,为形成性评价提供丰富数据。教育者可以通过平台收集学生的学习数据,分析其学习进度、掌握情况和学习态度,及时调整教学策略和提供个性化指导。同时,还可以利用平台的测试功能,定期对学生进行阶段性测试,了解他们的学习成果和

进步情况。

在个性化评价体系中，学生的自我评价和同伴评价也是不可或缺的部分。通过自我评价，学生可以反思自己的学习过程和成果，培养自我反思能力和自我管理能力。通过同伴评价，学生可以相互学习、相互激励，培养团队协作能力和社交能力。教育者应鼓励学生积极参与自我评价和同伴评价，促进他们的全面发展。

（二）循序渐进，逐步深化

在新媒体时代，思政教育面临着前所未有的机遇与挑战。为了更有效地培养学生的思想道德素质，教育者必须遵循循序渐进的教学原则，科学规划教育内容，利用新媒体技术，建立长期跟踪机制，逐步深化思政教育效果。

1.科学规划教育内容，构建层次化课程体系

高校应根据国家的教育方针和社会的发展需求，确定思政教育的总体目标和具体目标。在此基础上，将教育内容划分为不同的难度层次，从基础知识到高级理论，形成层次清晰、衔接紧密的课程体系。例如，可以将思政教育内容分为入门、进阶、深化三个层次，每个层次都包含相应的知识点和能力要求，确保学生在不同学习阶段都能获得适当的知识挑战和能力提升。

在划分难度层次的基础上，高校应整合各种教育资源，形成系统化的教育模块。这些模块可以围绕不同的主题或领域进行构建，如政治理论、道德伦理、社会热点等。每个模块都应包含丰富的教学内容和多样的教学形式，如理论讲授、案例分析、实践活动等，以满足学生多样化的学习需求。同时，通过新媒体平台实现课程内容的动态更新和优化，确保教育内容的时效性和针对性。

在构建层次化、系统化的课程体系时，高校应注重课程之间的衔接和过渡。通过合理设置课程顺序和教学内容，确保学生在不同课程之间能够顺利过渡，实现知识的连贯性和能力的逐步提升。例如，可以在入门课程中介绍思政教

育的基本概念和基础知识，为进阶课程打下坚实基础；在进阶课程中深入探讨思政理论的应用和实践，培养学生的分析能力和解决问题的能力；在深化课程中引导学生进行专题研究和创新实践，培养他们的创新思维和综合素质。

2.利用新媒体技术，实现教学过程的逐步深化

新媒体技术为思政教育提供了更加生动、有趣的教学方式。教育者可以利用虚拟现实、增强现实等先进技术，创设逼真的学习情境，使学生在沉浸式体验中深入理解思政知识。例如，通过虚拟现实技术模拟历史事件或社会现象，让学生身临其境地感受思政知识的实际应用和价值意义；通过增强现实技术将抽象的理论知识与现实场景相结合，使学生更加直观地理解和掌握思政知识。

新媒体平台还具有强大的互动交流功能，为思政教育提供了更加便捷、高效的沟通方式。教育者可以通过在线讨论、协作学习等方式，促进学生之间的交流与合作，引导他们深入思考、自主探究。例如，可以利用在线论坛或社交媒体平台组织学生围绕某个主题进行讨论，鼓励他们发表自己的观点和见解；也可以通过在线协作工具引导学生进行小组项目或课题研究，培养他们的团队协作能力和解决问题的能力。这种互动交流的教学方式不仅能够激发学生的学习兴趣和热情，还能够培养他们的批判性思维和创新能力。

新媒体平台还能够根据学生的学习需求和兴趣偏好提供个性化的学习资源。教育者可以通过数据分析了解学生的学习情况和偏好，为他们推荐相应的学习资源和课程。同时，学生也可以根据自己的需求和兴趣在新媒体平台上自主搜索和选择学习资源，实现个性化学习。这种个性化的教学方式能够满足学生的多样需求，提高他们的学习效率和满意度。

3.建立长期跟踪机制，确保教育效果持续深化

为了确保思政教育效果的持续深化，高校应建立长期跟踪机制。首先，需要为每位学生建立详细的个人档案，记录他们的学习情况、思想动态、参与活动等信息，方便教育者随时查看和分析。通过档案记录，教育者可以了

解学生的学习进度和成长历程，为后续的教学和辅导提供有力支持。

除了建立学生档案外，高校还应定期组织回访活动，了解学生对思政教育的反馈和建议。这些回访可以通过问卷调查、座谈会、个别访谈等方式进行。教育者可以及时了解学生对思政教育的满意度和存在的问题，为教育效果的改进提供有力依据。同时，还可以鼓励学生提出自己的意见和建议，激发他们的参与感和归属感。

长期跟踪机制还应包括对教育效果的持续评估。高校应定期对思政教育的效果进行评估和分析，了解学生在思想道德素质、知识技能等方面的提升情况。通过评估结果，教育者可以及时发现教学中存在的问题和不足，优化教学策略和方法。同时，还可以根据评估结果对课程体系和教学内容进行调整和完善，确保思政教育能够与时俱进、满足社会发展的需求。

三、注重实效性与创新性原则

（一）以实际效果为导向：新媒体时代高校思政教育的实践智慧

在新媒体时代，高校思政教育面临着前所未有的挑战与机遇。随着信息技术的飞速发展，学生的信息获取方式、学习习惯乃至价值观念都在发生深刻变化。因此，高校思政教育必须紧跟时代步伐，以实际效果为导向，不断创新教育模式，提升教育效果。

1.明确教育目标

（1）界定核心目标，引领教育方向。在新媒体时代，高校思政教育的首要任务是明确教育的核心目标。这些目标应涵盖培养学生的社会主义核心价值观、提升思想道德素质、增强社会责任感等多个方面。教育者需深刻理解这些目标的内涵与外延，确保思政教育始终沿着正确的方向前进。同时，教育目标应具体、可衡量，以便在教学过程中进行有效的评估和调整。

（2）设计教学方案，对接学生需求。教育者需根据目标设计具体的教学方案。这一方案应充分考虑学生的实际需求，包括他们的兴趣点、认知特点以及成长阶段等。通过引入新媒体元素，如短视频、互动游戏、在线讨论等，使教学内容更加贴近学生生活，激发学生的学习兴趣。教学方案应具有一定的灵活性，以便根据教学过程中的实际情况进行适时调整。

（3）构建评价体系，确保教育效果。为了衡量思政教育的实际效果，教育者需构建一套科学、全面的评价体系。这一体系应涵盖知识掌握、价值观念形成、行为表现等多个维度，通过定期评估学生的学习成果、行为变化以及思想动态，全面了解教育效果。评价过程中，应注重客观性与主观性的结合，既要有量化的数据支撑，也要有质性的描述分析，以确保评价的准确性和全面性。

2.实施精准教学

在新媒体时代，大数据、人工智能等先进技术为精准教学提供了有力支持。教育者可以利用这些技术分析学生的学习习惯、兴趣偏好以及认知水平等特征，为每个学生绘制个性化的学习画像。通过深入分析这些数据，教育者可以更加准确地把握学生的学习需求和学习难点，为精准教学提供科学依据。

基于学生的特征分析，教育者可以为每个学生定制个性化的学习计划。这一计划应包括学习目标、学习内容、学习路径以及学习评估等多个方面。通过精准推送学习资源、定制学习路径以及提供个性化辅导，教育者可以帮助学生找到最适合自己的学习方式，提高学习的针对性和有效性。

除了知识传授外，思政教育还应关注学生的情感需求和心理状态。教育者需通过新媒体平台与学生建立密切的沟通联系，及时了解他们的情感变化和心理困扰，并给予必要的关怀和引导。同时，教育者还应通过思政教育帮助学生树立正确的世界观、人生观和价值观，促进他们的全面发展。

3.强化实践环节

（1）搭建实践平台，丰富实践形式。为了强化思政教育的实践环节，高校应积极搭建多样化的实践平台。这些平台可以包括志愿服务、社会调研、创新创业等多种形式，旨在让学生在实践中学习、在体验中成长。通过参与实践活动，学生可以更加深入地了解社会、感悟人生，将思政知识转化为实际行动，实现知行合一。

（2）整合社会资源，拓展实践领域。高校还应积极整合社会资源，拓展思政教育的实践领域。通过与政府部门、企事业单位以及社会组织等建立合作关系，为学生提供更多的实践机会和实践岗位。同时，教育者还应鼓励学生走出校园、走进社会，参与各种社会实践活动和公益服务项目，培养他们的社会责任感和奉献精神。

（3）展示实践成果，增强学习动力。为了激发学生的积极性和主动性，高校应通过新媒体平台展示学生的实践成果。这些成果可以包括实践报告、调研报告、创新项目以及志愿服务心得等。通过展示这些成果，不仅可以增强学生的成就感和自信心，还可以激发其他同学的学习热情和参与意愿，形成良好的学习氛围。

4.建立反馈机制

为了持续优化思政教育的教育过程，高校需建立完善的反馈机制。教育者应定期组织学生座谈会、问卷调查等活动，收集学生对思政课程的满意度、对教学内容的掌握程度以及对教学方法的接受程度等反馈信息。通过深入分析这些信息，教育者可以更加全面地了解教学现状，为后续的改进提供有力依据。

收集到反馈信息后，教育者需对数据进行深入分析，找出教学中存在的问题和不足。针对这些问题，教育者应及时调整教学策略和方法，优化教学内容和课程结构。同时，教育者还应关注学生的个性化需求，根据反馈数据为学生提供更加精准的教学服务。

（二）勇于探索，持续创新

为了提升思政教育的吸引力和感染力，教育者必须勇于探索，融合新媒体技术，探索混合式教学，创新教学方法，并鼓励学生积极参与创新过程。

1.更新教育理念，拥抱新媒体技术

（1）理念更新。在新媒体时代，传统的思政教育理念已难以满足学生的需求。教育者必须认识到，新媒体技术不仅是一种工具，更是一种全新的教育理念和教学模式。因此，教育者应勇于更新教育理念，将新媒体技术视为思政教育创新的重要驱动力，积极拥抱并融入其中。通过新媒体平台，教育者可以打破时间和空间的限制，拓展教学空间，丰富教学资源，使思政教育更加贴近学生生活，更加生动有趣。

（2）技术融合。拥抱新媒体技术，要求教育者不断提升自身的信息素养和技术能力。教育者应主动学习新媒体技术的最新应用，如大数据分析、人工智能、虚拟现实等，并将其应用于思政教育的实践中。通过技术手段，教育者可以更加精准地了解学生的学习需求和学习状态，为学生提供个性化的学习资源和辅导。同时，教育者还可以利用新媒体技术创设虚拟情境，模拟现实场景，使学生在沉浸式的体验中学习思政知识，增强学习的代入感和参与感。

（3）资源建设。新媒体时代，教学资源的丰富性和多样性是提升思政教育效果的关键。教育者应积极构建新媒体教学资源库，包括视频、音频、图片、动画等多种形式的资源。这些资源应紧扣思政教育主题，贴近学生生活实际，具有鲜明的时代特征和强烈的感染力。通过新媒体教学资源库的建设，教育者可以为思政教学提供源源不断的素材和灵感，提高教学的吸引力和实效性。

2.探索混合式教学，融合线上线下优势

（1）构建多元化学习环境。混合式教学模式是新媒体时代思政教育创新的重要方向。教育者应积极探索线上教学与线下教学的有机结合，充分发挥两者的优势。线上教学可以提供丰富的学习资源和灵活的学习时间，满足学生自主学习的需求；线下教学则可以加强师生互动、生生交流，深化对知识的理解和应用。通过线上线下结合，教育者可以构建多元化的学习环境，激发学生的学习兴趣和动力，提高思政教育的实效性和趣味性。

（2）促进深度学习。翻转课堂是混合式教学模式的一种具体应用。教育者可以在课前通过新媒体平台发布学习任务和学习资源，让学生在课外时间自主学习；课堂上则主要进行问题讨论、案例分析、小组合作等深度学习活动。这种教学模式可以颠倒传统的教学流程，使学生在课堂上更加专注于知识的应用和创新，促进深度学习的发生。

（3）多元化评价体系。教育者应建立多元化的评价体系，包括过程性评价、表现性评价、同伴评价等多种评价方式。通过新媒体平台，教育者可以实时跟踪学生的学习进度和学习成果，为学生提供及时的反馈和指导。

3.创新教学方法，提升教育效果

（1）案例教学。案例教学是思政教育创新的重要方法。教育者可以选取具有代表性的案例，通过新媒体平台呈现给学生，引导学生进行分析和讨论。案例教学可以使学生更加深入地理解思政知识，增强教学的现实性和针对性。同时，案例教学还可以培养学生的分析能力和解决问题的能力，提高他们的综合素质。

（2）情境教学。情境教学是利用新媒体技术创设虚拟情境或模拟现实场景的教学方法。教育者可以通过虚拟现实技术、增强现实技术等手段，让学生在沉浸式的体验中学习思政知识。情境教学可以使学生身临其境地感受思政知识的魅力和价值，增强学习的代入感和参与感。同时，情境教学还可以激发学生的学习兴趣和好奇心，促进他们的主动学习和探索。

（3）项目式学习。项目式学习是让学生围绕某个主题或问题进行深入研究和实践的教学方法。教育者可以引导学生组成小组，通过新媒体平台获取信息和资源，进行项目设计和实施。项目式学习可以培养学生的创新能力和团队协作精神，提高他们的实践能力和解决问题的能力。同时，项目式学习还可以使学生更加深入地理解思政知识，并将其应用于实际生活中，实现知行合一。

4.鼓励学生参与创新，激发教育活力

（1）意见征集。教育者应定期向学生征集对思政教育的意见和建议，了解他们的需求和期望。通过意见征集，教育者可以更加深入地了解学生的真实想法和感受，及时调整教学策略和方法，提高教育的针对性和实效性。

（2）内容共创。教育者可以鼓励学生参与教学内容的设计和创新。例如，可以让学生围绕某个主题进行创作，如制作短视频、撰写文章、设计海报等。通过内容共创，教育者可以激发学生的创造力和想象力，使他们在创作过程中更加深入地理解思政知识。同时，学生的作品还可以作为教学资源在课堂上进行展示和分享，增强教学的互动性和趣味性。

（3）活动组织。教育者可以鼓励学生参与思政教育活动的组织和策划。例如，可以让学生负责组织一次主题班会、一次志愿服务活动或一次社会调研等。通过活动组织，教育者可以培养学生的组织能力和领导力，提高他们的团队协作能力和社会实践能力。

四、尊重学生主体地位原则

（一）新媒体时代思政教育的核心转变

在新媒体时代，信息的爆炸式增长和传播方式的根本性变革，对思政教育提出了全新的挑战和机遇。面对这一时代背景，思政教育必须顺应潮流，树立以学生为中心的教育理念，实现从传统教育模式向现代教育模式的根本转变。这一转变不仅关乎教育者的角色定位、教学方式，更关乎教育内容的创新与评价体系的改革。

1.理念革新

（1）教育者的角色重塑。在新媒体时代，教育者不再是知识的唯一传授者，而是成为学生学习过程中的引导者和伙伴。教育者需要放下传统的权威角色，与学生建立平等、开放的对话关系，鼓励学生主动探索、勇于质疑，让教育过程成为师生共同成长、共同进步的过程。这种角色转变要求教育者具备更强的包容性和开放性，能够倾听学生的声音，理解学生的需求，为学生提供个性化的指导和支持。

（2）学生的主体地位凸显。以学生为中心的教育理念强调学生的主体地位，认为学生是教育活动的中心，是知识学习的主体。在新媒体时代，学生不再是被动的信息接收者，而是成为信息的主动寻求者和创造者。教育者应充分利用新媒体技术的优势，为学生提供更多的学习资源和自主学习机会，激发学生的学习兴趣和创造力，帮助学生实现自我价值和潜能的发挥。

（3）教育过程的互动与合作。以学生为中心的教育理念倡导教育过程的互动与合作。教育者应与学生建立紧密的合作关系，共同探索知识、解决问题。通过小组讨论、合作学习等方式，教育者可以引导学生积极参与课堂活动，培养学生的团队协作能力和沟通能力。同时，教育者还应鼓励学生之间的互助与合作，形成良好的学习氛围和班级文化。

2.平台搭建

（1）新媒体平台的运用。新媒体平台为师生间的有效沟通提供了便利条件。教育者应充分利用社交媒体、在线论坛、即时通信工具等新媒体平台，与学生建立实时、便捷的沟通渠道。通过这些平台，教育者可以及时了解学生的思想动态、学习需求和生活困扰，为学生提供个性化的指导和帮助。同时，学生也可以在这些平台上自由发表见解，与教师和同学进行深入的讨论和交流。

（2）沟通方式的创新。在新媒体时代，沟通方式也在不断创新。教育者可以尝试使用视频通话、在线直播等新型沟通方式，与学生进行面对面的交流。

这些方式不仅能够传递更多的信息，还能够增强学生的参与感和归属感。此外，教育者还可以通过设置话题讨论、在线问答等方式，引导学生积极参与讨论，激发学生的学习兴趣和思维活力。

（3）信息反馈的及时性。新媒体平台使信息反馈更加及时和便捷。教育者可以通过新媒体平台及时收集学生的学习反馈和意见，了解学生的学习情况和问题所在。同时，教育者还可以利用数据分析工具对学生的学习数据进行分析和挖掘，为教学改进提供科学依据。这种及时反馈的机制有助于教育者及时调整教学策略和方法，提高教学效果和学生的学习满意度。

3.内容创新

（1）教学内容的多样化。以学生为中心的教育理念要求思政教育内容必须贴近学生的实际生活和思想需求。教育者应利用新媒体技术的优势，开发多样化、个性化的教学内容。例如，可以制作微课、短视频等多媒体教学资源，以更加生动、形象的方式呈现思政知识；还可以设计互动游戏、模拟演练等实践活动，让学生在参与中体验思政教育的魅力。这些多样化的教学内容能够满足学生不同层次、不同领域的学习需求，激发学生的学习兴趣和积极性。

（2）学生参与的创作与分享。教育者还应鼓励学生参与教学内容的创作和分享。通过让学生自主制作微课、撰写文章、设计海报等方式，教育者可以激发学生的创造力和想象力，使学生在创作过程中更加深入地理解思政知识。同时，学生的作品还可以作为教学资源在课堂上进行展示和分享，增强教学的互动性和趣味性。这种学生参与创作与分享的方式不仅能够丰富学生的学习体验，还能够培养学生的自信心和表达能力。

（3）教学内容的更新与迭代。新媒体时代信息更新迅速，思政教育内容也需要不断更新和迭代。教育者应密切关注时事热点和社会动态，将最新的思政理念和实践案例融入教学内容中。同时，教育者还应通过新媒体平台收集学生的反馈和意见，了解学生对教学内容的接受程度和喜好情况，为教学内容的改进和优化提供依据。这种持续更新和迭代的教学内容能够保持思政教育的时效性和针对性，提高教育的实效性和感染力。

（二）培养学生的自主学习和批判性思维

在新媒体时代，教育面临着前所未有的挑战与机遇。为了培养学生的自主学习和批判性思维，教育者必须充分尊重学生的主体地位，通过创新教学方法和实践活动，激发学生的学习兴趣，提升他们的综合素质。

1.自主学习能力的培养

尊重学生主体地位，首要任务是培养学生的自主学习能力。教育者应充分利用新媒体技术的优势，为学生提供多样化的学习资源，如在线课程、电子书籍、学术论文等。同时，介绍并教授学生使用各种学习工具，如笔记软件、时间管理工具、在线协作平台等，帮助他们高效地管理和利用资源。这些资源和工具不仅能够拓宽学生的学习视野，还能激发他们的学习兴趣，促使他们从被动接受知识转变为主动探索知识。

自主学习并非无目的的学习，而是需要有明确的目标和计划作为指导。教育者应引导学生根据自己的学习兴趣和实际需求，设定短期和长期的学习目标，并制定相应的学习计划。在计划执行过程中，教育者要鼓励学生保持自律，定期反思和调整计划，以确保学习目标的达成。这种目标导向的学习方式能够帮助学生形成自我驱动的学习习惯，提高学习效率。

自主学习能力的提升还依赖于有效的学习方法。教育者应教授学生如何高效阅读、如何做笔记、如何复习巩固等学习技巧。同时，鼓励学生尝试不同的学习策略，如主动学习、分散学习、深度学习等，以找到最适合自己的学习方式。通过不断实践和优化学习方法，学生能够更加高效地吸收和内化知识，实现从"学会"到"会学"的转变。

2.合作学习的实践

教育者应鼓励学生通过新媒体平台组建微信群、QQ群等学习小组，以便学生之间的即时沟通和资源共享，还能促进团队协作和共同进步。在小组内，学生可以分工合作，共同完成任务，通过互助和讨论来深化对知识的理解。

教育者可以设计一些具有挑战性和实践性的项目任务，让学生以小组为单位进行探究和实践。在项目过程中，学生需要分工合作、相互协调，共同解决问题和完成任务。这种学习方式不仅能够锻炼学生的团队协作能力和沟通能力，还能培养他们的责任感和团队精神。

合作学习的另一个重要环节是分享学习成果和经验。教育者应组织定期的分享会或研讨会，让学生展示自己的学习成果和心得体会。通过分享，学生可以相互学习、相互启发，拓宽视野和思路。同时，分享还能增强学生的自信心和表达能力，为他们的全面发展奠定基础。

3.批判性思维的培育

批判性思维的核心是敢于质疑和挑战权威。教育者应鼓励学生保持好奇心和求知欲，对所学知识进行深入思考和批判性分析。在课堂上，教育者可以引导学生提出问题、发表不同见解，鼓励他们敢于挑战传统观念和权威观点。这种质疑精神能够激发学生的独立思考能力和创新精神。

在新媒体时代，信息纷繁复杂，真假难辨。教育者应教授学生如何辨别信息的真伪和可靠性，培养他们批判性地分析和评价信息的能力。同时，引导学生学会分析利弊、权衡得失，做出明智的决策。这种能力对于学生在未来的学习和工作中应对复杂问题至关重要。

批判性思维的培育还需要通过实践活动来锻炼。教育者可以组织辩论赛、研讨会等活动，为学生提供表达观点和展示才华的平台。在这些活动中，学生需要运用逻辑思维和口头表达能力来阐述自己的观点和论据，同时还需要倾听他人的意见并进行反驳或补充。这种实践活动不仅能够锻炼学生的批判性思维和表达能力，还能培养他们的自信心和团队协作精神。

4.实践活动的开展

为了让学生更好地将理论知识应用于实际，教育者应设计一系列贴近学生生活的实践活动。这些活动可以围绕社会热点、社区需求或学生兴趣展开，如环保项目、公益服务、市场调查等。通过参与这些活动，学生能够亲身体验知识的应用过程，加深对理论知识的理解和记忆。同时，实践活动还能让学生发现知识的实际价值，激发他们进一步学习的动力。

教育者应将实践活动纳入教学体系，形成理论与实践相结合的教学模式。在课程设计中，可以安排一定比例的实践课时，确保学生有足够的时间参与实践活动。此外，还可以建立实践学分制度，将学生的实践成果纳入学业评价体系，以激励学生积极参与实践活动。通过构建实践育人的教学体系，教育者能够引导学生将所学知识与实践相结合，培养他们的实践能力和创新精神。

在学生参与实践活动的过程中，教育者应提供必要的指导和支持。这包括帮助学生选择合适的实践项目、提供实践方法和技巧的指导、协助解决实践过程中遇到的问题等。同时，教育者还可以邀请行业专家或校友分享实践经验，为学生提供更广阔的视野和思路。通过提供实践指导与支持，教育者能够确保学生在实践活动中获得有效的学习和成长。

实践活动结束后，教育者应组织学生进行反思与总结，包括回顾实践过程、分析实践成果、总结经验教训等。通过反思与总结，学生能够更加深入地理解实践活动的意义和价值，同时发现自己的不足和需要改进的地方。教育者可以引导学生撰写实践报告或进行口头汇报，以巩固他们的实践成果和提升他们的表达能力。此外，教育者还可以将优秀的实践案例进行展示和推广，以激励更多学生参与实践活动并分享他们的经验。

第三章 新媒体时代高校思政教育创新的保障

第一节 传媒应用保障

随着新媒体技术的迅猛发展，传媒行业正面临着前所未有的变革。为了确保传媒应用的顺畅运行和持续发展，必须构建完善的传媒应用保障体系。这一体系涉及新媒体技术的引入、技术培训以及设备的更新与维护等多个方面。

一、新媒体技术的引入

（一）技术选型与评估

在新媒体技术飞速发展的时代背景下，技术选型成为传媒行业转型升级的关键环节。为了确保技术选型的科学性和有效性，传媒机构需要从多个维度对新媒体技术进行全面评估。

1.技术成熟度评估

技术成熟度是评估新媒体技术是否适用于传媒应用的重要指标。成熟度高的技术通常经过市场的广泛验证，具有较高的可靠性和稳定性。在选择新媒体技术时，传媒机构应关注技术的研发历程、市场应用案例以及用户反馈等信息，以判断技术是否已经达到可以稳定应用的阶段。此外，还可以通过参与行业研讨会、与技术供应商交流等方式，获取更多关于技术成熟度的信息，为技术选型提供有力支持。

2.技术稳定性评估

稳定性是新媒体技术在传媒应用中不可或缺的属性。传媒机构需要确保所选技术能够在高强度、高并发的环境下稳定运行，避免因技术故障导致的服务中断或数据丢失等问题。在评估技术稳定性时，可以考察技术供应商的历史业绩、技术架构的合理性以及故障恢复机制等方面。同时，通过模拟实际运行环境进行压力测试，也是评估技术稳定性的有效手段。

3.技术可扩展性评估

随着传媒业务的不断发展，新媒体技术需要具备良好的可扩展性，以满足未来业务增长和变化的需求。在评估技术可扩展性时，应关注技术的模块化设计、接口开放性以及是否支持横向和纵向的扩展。模块化设计使技术可以更容易地进行功能扩展和升级；接口开放性则便于与其他系统进行集成和交互；而支持横向和纵向扩展则能够确保技术在面对业务增长时能够迅速响应并满足需求。

4.技术兼容性评估

在新媒体技术选型过程中，兼容性是一个不容忽视的因素。传媒机构需要确保所选技术能够与现有的技术体系、业务流程以及硬件设备等实现良好的兼容。这包括操作系统兼容性、数据库兼容性、网络协议兼容性以及硬件设备兼容性等方面。通过全面的兼容性评估，可以避免因技术不兼容而导致的额外投入和潜在风险。

5.成本效益评估

成本效益是技术选型中必须考虑的关键因素之一。传媒机构需要在保证技术性能和质量的前提下，合理控制技术投入成本，实现经济效益的最大化。在评估成本效益时，应综合考虑技术的购置成本、运维成本、升级成本以及潜在的经济效益等方面。通过对比不同技术的成本效益，选择性价比最高的新媒体技术，为传媒应用的升级换代提供有力的经济支撑。

（二）技术引入计划与实施

在技术选型完成后，传媒机构需要制定详细的技术引入计划，并确保计划的顺利实施。

1.时间表制定

技术引入计划的首要任务是制定详细的时间表。时间表应明确技术引入的各个阶段、关键节点以及预期完成时间等信息。通过制定时间表，可以确保技术引入工作的有序进行，避免因时间管理不当而导致的进度延误或资源浪费。同时，时间表还可以作为项目管理和监控的重要依据，帮助传媒机构及时发现问题并调整计划。

2.资源配置

资源配置是技术引入计划中不可或缺的一环。传媒机构需要根据技术引入的需求和规模，合理配置人力、物力、财力等资源。这包括组建专业的技术团队、采购必要的硬件设备、安排充足的资金预算等。通过合理的资源配置，可以确保技术引入工作的顺利进行，并为后续的技术应用和维护提供有力保障。

3.风险评估及应对措施

在技术引入过程中，难免会遇到各种风险和挑战。因此，传媒机构需要对技术引入过程中可能出现的风险进行全面评估，并制定相应的应对措施。风险评估应涵盖技术风险、市场风险、法律风险等多个方面。针对不同类型的风险，可以制定相应的风险应对策略，如技术备份方案、市场调研与预测、法律咨询与合规审查等。通过风险评估及应对措施的制定，可以有效降低技术引入过程中的风险，确保项目的顺利实施。

4.与技术供应商的沟通协作

技术供应商是技术引入过程中重要的合作伙伴。传媒机构需要与技术供应商保持密切的沟通协作，确保技术支持的及时性和有效性。这包括与技术供应商明确技术规格和要求、协商技术支持和服务协议、定期沟通技术进展和问题等。通过与技术供应商的紧密合作，可以及时解决技术引入过程中遇到的问题，确保技术引入的顺利进行，并为后续的技术应用和维护奠定良好的基础。

二、新媒体技术培训

（一）培训计划制定

新媒体技术的迅猛发展对传媒行业的人才提出了更高的要求。为了确保学生能够跟上技术发展的步伐，制定一套科学、系统的培训计划显得尤为重要。

1.培训目标设定

培训目标是培训计划的灵魂，它决定了培训的方向和重点。在制订新媒体技术培训计划时，应基于学生技能水平、新媒体技术特点来设定培训目标，确保培训工作的针对性和有效性。

2.培训内容规划

在制定新媒体技术培训内容时，应全面考虑技术的各个方面，包括基础知识、操作技能、实际应用案例等。基础知识部分可以涵盖新媒体技术的概念、原理、发展趋势等；操作技能部分则可以包括软件使用、内容创作、数据分析等具体技能；实际应用案例部分则可以通过分析成功的新媒体项目，让学生了解技术在实际业务中的应用。通过系统的培训内容规划，可以确保学生全面掌握新媒体技术的各个方面。

3.时间安排

应充分考虑学生的实际情况和培训内容的难易程度，将培训时间分散到多个阶段，每个阶段集中培训某一方面的内容，以确保学生有足够的时间消化和吸收所学知识。同时，还可以设置一些灵活的时间段，供学生自主选择参加培训，以满足不同学生的学习需求。

4.培训方式选择

在制定新媒体技术培训计划时，应选择适合学生学习特点和培训内容的培训方式。线上课程具有灵活、便捷的特点，适合学生自主学习；线下讲座则可以提供面对面的交流机会，方便学生提问和互动；实践操作则是巩固所学知识、提升技能的有效途径。此外，还可以结合行业内的技术交流活动，组织学生参加，以拓宽视野、了解行业动态。

（二）培训内容与方式

新媒体技术培训作为提升团队技能、适应数字化时代需求的关键环节，其内容与方式的选择至关重要。一个高效、全面的培训体系不仅能够增强学生的专业能力，还能激发学生的创新思维。以下将从培训内容的具体构成和培训方式的灵活选择两个方面，深入剖析新媒体技术培训的核心要素。

1.培训内容的具体构成

新媒体技术培训的内容应涵盖从基础理论到实践操作的全方位知识体系，确保学生既能掌握扎实的理论基础，又能具备解决实际问题的能力。具体而言，培训内容可细分为以下三个方面。

（1）基础知识培训。培训首先应介绍新媒体的定义、特点、分类以及与传统媒体的区别，让学生对新媒体有一个清晰的认识。接着，深入讲解新媒体技术背后的原理，如互联网传播机制、数字媒体编码技术、用户行为分析等，为后续技能学习奠定坚实的理论基础。

回顾新媒体技术的发展历程，让学生了解技术演进的脉络，同时展望新媒体的未来趋势，如人工智能在内容创作中的应用、5G 技术对媒体传播的影响等，培养学生的前瞻性思维。

在新媒体环境中，遵守法律法规和伦理规范同样重要。培训内容应涵盖版权法、隐私保护法等相关法律法规，以及新媒体伦理准则，引导学生在创新的同时，确保内容的合法性和道德性。

（2）操作技能培训。教授如何运用各类新媒体工具（如视频编辑软件、图像处理软件、内容管理系统等）进行高质量的内容创作和编辑。同时，强调内容创意的重要性，培养学生的审美能力和故事讲述技巧。

数据分析与挖掘。数据是新媒体运营的核心。培训应涵盖如何使用数据分析工具（如 Google Analytics、社交媒体分析工具等）来监测用户行为、分析内容表现、评估营销效果，并根据数据反馈优化策略。

社交媒体运营。详细介绍各大社交媒体平台（如微信、微博、抖音、小红书等）的运营规则和策略，包括账号管理、内容发布、社群维护、活动策划等，帮助学生成为社交媒体营销的高手。

（3）实际应用案例培训。

成功案例分享。选取国内外成功的新媒体项目案例，分析其成功要素、实施过程、技术运用及市场反响，让学生从中汲取灵感，学习如何将新媒体技术有效应用于实际业务中。

失败案例反思。分享国内外失败的新媒体项目案例，让学生了解常见的误区和风险，学会从错误中吸取教训，避免重蹈覆辙。

模拟实战演练。基于真实业务场景设计模拟项目，让学生分组进行策划、执行、评估，通过实践加深对新媒体技术应用的理解，同时锻炼团队协作和项目管理能力。

2.培训方式的灵活选择

为了最大化培训效果，新媒体技术培训应采用多样化的教学方式，结合线上与线下资源，满足不同学习风格的需求。

（1）线上课程。制作高质量的教学视频，涵盖理论讲解、操作演示、案例分析等内容，学生可随时随地通过移动设备或电脑观看学习，实现碎片化学习；设置在线测试，检验学生对知识点的掌握程度，并提供相应的证书或徽章作为激励，增强学习的积极性和成就感；建立在线学习社区，鼓励学生提问、分享心得，同时邀请讲师或专家定期在线答疑，促进知识交流与共享。

（2）线下讲座与工作坊。邀请行业内的知名专家、学者进行专题讲座，分享最新技术动态、行业趋势和实战经验；组织小型工作坊，让学生在导师的指导下亲手操作，解决实际操作中遇到的问题，如视频剪辑、数据分析等，通过"做中学"的方式加深理解；通过角色扮演（如扮演内容创作者、社交媒体经理等）和模拟实战演练，让学生在接近真实的工作环境中应用所学知识，提升应变能力和团队协作能力。

（3）实践操作与项目演练。鼓励学生参与企业内部的新媒体项目，从策划、执行到评估全程参与，将理论知识转化为实践能力；与新媒体机构、广告公司等建立合作关系，为学生提供实习或项目合作机会，让学生在真实的市场环境中锻炼，积累宝贵经验；举办新媒体创新挑战赛，鼓励学生围绕特定主题或问题提出创新解决方案，通过竞赛的形式激发创意，促进技术与业务的深度融合。

（三）培训效果评估

新媒体技术培训作为提升企业竞争力、促进学生个人发展的关键举措，其效果的评估至关重要。一个科学、全面的评估体系不仅能够准确反映培训的实际成效，还能为后续的培训优化提供数据支持，确保培训资源的有效利用。

1.评估方式的选择

评估方式是评估工作的基石，其选择直接影响到评估结果的准确性和全面性。在新媒体技术培训效果评估中，应采用多元化与综合性的评估方式，以确保评估的立体性和客观性。

（1）理论知识测试。利用在线考试平台，设计包含选择题、判断题、简答题等多种题型的试卷，全面考查学生对新媒体技术基础理论、核心概念、行业趋势等知识的掌握程度；要求学生围绕特定主题撰写论文或报告，如新媒体营销策略分析、数据驱动的内容创作等，以此评估其综合运用理论知识解决实际问题的能力。

（2）实践技能考核。设计模拟或真实的新媒体项目任务，如社交媒体账号运营、内容创作与发布、数据分析报告等，让学生在限定时间内完成。通过项目成果的质量、创新性、实用性等方面来评估其技能提升情况；举办新媒体技能竞赛，如视频剪辑大赛、H5 页面设计比赛等，通过专家评审和观众投票相结合的方式，选拔出优秀作品，以此激励学生提升实践技能，同时营造积极向上的学习氛围。

（3）学生满意度与反馈。设计包含培训内容、培训方式、讲师表现、培训效果等多维度的问卷，通过匿名或实名的方式收集学生的意见和建议；组织小组讨论会或个别访谈，鼓励学生分享培训过程中的收获、挑战和改进建议。

2.评估指标的设置

评估指标是评估工作的量化标准，其设置应遵循科学性、可操作性和全面性的原则，以确保评估结果的客观性和准确性。

（1）知识掌握程度。根据在线考试或论文/报告的评分结果，量化学生对新媒体技术理论知识的掌握程度；在项目实操或技能竞赛中，评估学生运用理论知识解决实际问题的准确性和效率。

（2）技能提升水平。观察学生在项目实操中的操作速度、准确性、创新性等指标，评估其技能提升水平；根据项目成果的质量、创意、实用性等维度，评估学生在实践技能上的进步和创新能力。

（3）工作效率与成果。对比学生在培训前后，如内容创作效率、社交媒体账号关注度、转化率等的变化，评估培训对工作效率的提升效果；评估学生在培训后是否能够将所学技能应用于实际工作中，并取得显著的业务成果，如销售额增长、品牌知名度提升等。

（4）态度与行为改变。评估学生对新媒体技术是否感兴趣，如观察学生在培训过程中的参与度、主动性、学习态度等；评估学生在团队项目中的协作能力、领导力及解决问题的能力，以判断培训对其职业素养的提升效果。

3.评估结果的反馈与应用

评估结果的反馈与应用是评估工作的最终落脚点，其目的在于通过评估促进培训的持续改进和学生的个人成长。

（1）及时反馈与个性化指导。组织评估结果反馈会议，向学生详细解释评估结果，指出其优点和不足，并提出具体的改进建议。会议应鼓励双向沟通，让学生有机会表达自己的看法和困惑。基于评估结果，为学生制定个性化的职业发展计划，包括技能提升路径、学习资源推荐、实践机会安排等，以支持其持续成长。

（2）培训计划的优化与迭代。根据评估结果中反映出的知识盲点或技能短板，及时调整培训内容，确保培训与实际需求紧密贴合。探索更加高效、有趣的培训方式，如游戏化学习、翻转课堂、微课程等，以提高学生的参与度和学习效果。

（3）评价管理与激励机制。将评估结果与学生的评价体系相结合，作为奖励的重要依据，激励学生积极参与培训并持续提升自我。对于表现突出的学生或团队，通过内部通讯、表彰大会等形式进行表彰，同时分享其成功案例和经验，以树立榜样，激发全体学生的学习热情和创新动力。

三、新媒体设备的更新与维护

（一）设备采购与更新策略

在新媒体技术蓬勃发展的时代背景下，传媒机构面临着前所未有的机遇与挑战。硬件设备作为技术落地与业务开展的基石，其性能、稳定性、兼容性以及更新迭代的速度，直接关系到传媒业务的质量、效率以及市场竞争力。因此，构建一套科学、合理的设备采购与更新策略，对于传媒机构而言至关重要。

1.性能优先，兼顾成本

在新媒体技术的广泛应用中，设备性能是确保业务流畅、高效运行的基础。因此，在设备采购时，性能应被视为首要考量因素。

（1）明确性能需求，细化技术指标。对于视频制作与传输，需关注设备的分辨率支持、编码解码能力、帧率稳定性等，确保视频内容的高清、流畅呈现。针对数据分析与挖掘，设备应具备强大的 CPU 与 GPU 计算能力、高速的内存与存储系统，以应对海量数据的快速处理需求。对于直播、在线会议等实时应用，低延迟的网络传输、高效的音视频同步技术是关键。通过明确具体业务场景下的性能需求，可以更有针对性地选择设备，避免性能过剩或不足。

（2）成本效益分析，追求性价比最优。广泛收集市场信息，对比不同品牌、型号设备的性能参数与价格，识别性价比高的产品；除了初始购买成本，还需考虑设备的维护费用、能耗效率、升级成本等长期支出，确保整体成本效益最大化；根据业务需求与预算情况，灵活采用分期购买、租赁、以旧换新等多种采购方式，降低资金压力。

2.前瞻规划，适应技术发展趋势

新媒体技术的快速发展要求设备采购必须具有前瞻性，以适应未来技术变革与业务需求的变化。

（1）紧跟技术前沿，预留升级空间。关注新兴技术，如 5G、人工智能、云计算等，这些技术的发展将深刻影响新媒体行业的未来格局；选择支持最新技术标准的设备，如支持 5G 网络接口的路由器、可升级固件的摄像头等，为未来技术升级预留空间；选择模块化设计的设备，便于根据需求进行功能扩展或升级，延长设备使用寿命。

（2）业务发展规划与设备采购同步。将设备采购计划与公司长期业务发展战略相结合，确保设备能够支撑未来业务的拓展与创新；构建易于扩展的基础设施，如采用云存储、虚拟化技术等，以适应业务规模的快速变化。

3.兼容性考量，促进系统集成

在新媒体技术应用中，设备间的兼容性是确保系统高效集成与稳定运行的关键。

（1）操作系统与软件平台兼容。在可能的情况下，选择相同或兼容的操作系统，以减少系统间的兼容性问题。确保所采购的设备能够支持主流的新媒体制作、编辑、发布软件，且软件版本更新时能够保持兼容性。

（2）网络接口与通信协议统一。选择支持通用网络接口（如 USB、HDMI、Ethernet）的设备，便于设备间的连接与数据传输。通信协议兼容：确保设备间使用的通信协议相互兼容，如采用统一的无线传输标准（如 Wi-Fi 6）、视频传输协议（如 RTMP）等。

（3）系统集成与测试。在采购前进行设备间的兼容性测试，确保设备能够无缝集成到现有系统中。制定详细的系统集成方案，包括设备配置、网络架构、数据流程等，确保系统整体的高效运行。

4.定期评估，及时更新设备

设备更新是维持技术先进性和业务高效性的重要手段，定期对设备性能进行监测，识别性能下降或技术瓶颈。检查设备是否存在安全隐患，如过时的操作系统、未修补的安全漏洞等。根据业务发展的新需求，评估现有设备是否能够满足。

根据评估结果，确定设备更新的优先级，优先更新对业务影响最大的设备。根据更新计划制定预算，合理分配资源，确保更新过程的顺利进行。制订详细的设备替换与数据迁移计划，确保新旧设备间的平稳过渡，减少对业务的影响。

随着新设备的引入，组织学生参加相关技术培训，提升团队对新技术的掌握与应用能力。建立内部知识分享平台，鼓励学生分享新设备使用心得、最佳实践等，促进团队整体技能的提升。

（二）设备维护与技术支持

在新媒体技术日新月异的今天，设备维护与技术支持作为确保技术稳定应用与业务高效运行的关键环节。一个完善的设备维护与技术支持体系，不仅能够预防设备故障、延长设备使用寿命，还能在设备出现问题时迅速响应，最小化对业务的影响。

1.建立维护制度

（1）制订维护计划。定期维护是设备维护与技术支持体系中的核心环节，它通过一系列有计划、有组织的维护活动，确保设备始终处于最佳工作状态。日常维护由设备操作人员负责，包括设备表面的清洁、检查连接线是否松动、软件更新等简单操作，确保设备的基本运行条件得到满足。定期巡检由专业技术人员执行，按照预设的时间周期（如每月、每季度）对设备的各项性能指标进行全面检查，及时发现并处理潜在问题。基于设备的使用历史和维护记录，预测设备可能出现的故障，提前更换易损件或进行必要的调整，避免故障的发生。

维护计划应具体到每一项设备、每一个维护环节，明确维护的时间、内容、责任人等，确保维护工作的有序进行。

（2）管理维护记录。每次维护活动后，应详细记录维护的时间、内容、发现的问题、采取的措施等信息，为后续的设备管理和维护提供数据支持。为每台设备建立完整的维护档案，包括设备的基本信息、历次维护记录、故障处理情况等，便于追踪设备的维护历史和状态变化。

（3）评估维护效果。定期对维护工作的效果进行评估，包括设备故障率的降低、使用寿命的延长等，以验证维护计划的有效性。根据评估结果，不断调整和优化维护计划，引入新的维护技术和方法，提高维护工作的效率和质量。

2.加强技术培训

技术团队是设备维护与技术支持的执行者，他们的技能水平和知识储备直接关系到维护工作的成败。

（1）系统的培训计划。针对新入职或技能水平较低的技术人员，开展设备操作、基本原理、故障诊断等基础知识培训。对于有一定经验的技术人员，提供更深层次的技能培训，如设备维修、软件调试、系统优化等。随着新媒体技术的不断发展，及时引入新技术培训，确保技术团队能够跟上技术变革的步伐。

（2）持续的自主学习。为技术人员提供丰富的学习资源，如技术文档、在线课程、行业论坛等，鼓励他们自我学习。建立内部知识分享平台，鼓励技术人员分享学习心得、技术难题解决方案等，促进知识的交流与传播。通过定期的技术考核,检验技术人员的知识水平,并给予相应的奖励和晋升机会,激发他们学习的积极性。

（3）实践经验的积累与分享。定期组织技术演练活动,模拟设备故障场景,让技术人员在实践中锻炼故障诊断和维修能力。对典型的设备故障案例进行深入分析,总结故障原因、处理方法和预防措施,形成案例库供技术人员参考。

3.与设备供应商建立合作关系

设备供应商是设备维护与技术支持的重要外部资源，与供应商建立紧密的合作关系，能够获取更及时、更专业的技术支持。

（1）签订技术支持协议。在协议中明确供应商提供的技术支持范围、响应时间、服务方式等，确保在需要时能够得到及时有效的支持。定期对供应商的技术支持服务进行评估，根据评估结果调整合作条款，确保服务质量和效率。

（2）技术培训与合作交流。定期邀请供应商的技术专家进行技术培训，让技术人员了解设备的最新技术动态和维修技巧。积极参加供应商组织的技术交流会，与同行交流经验，拓宽视野，获取行业最新信息。

（3）共享资源与协同创新。与供应商共享设备使用数据、故障记录等信息，帮助供应商改进产品和服务，同时也为自身获取更优质的设备和技术支持。与供应商开展联合研发项目，共同解决技术难题，推动新媒体技术的创新与发展。

第二节　平台建设保障

在新媒体时代，高校思政教育平台的建设是推进教育信息化的重要举措。一个功能齐全、内容丰富的思政教育平台，不仅能够为学生提供便捷的学习途径，还能有效提升思政教育的效果和质量。

一、思政教育平台的构建

（一）平台架构设计：奠定坚实基础

思政教育平台的架构设计是其成功的关键所在，它不仅决定了平台的稳定性、可扩展性，还深刻影响着平台的易用性和用户满意度。一个精心设计的架构能够为后续的开发、维护和升级铺平道路，确保平台能够随着教育需求的变化而灵活调整。

1.选择合适的架构模式

架构模式是思政教育平台架构设计的基础，它决定了平台的技术框架、服务部署方式以及后续的迭代路径。在当前的技术背景下，微服务架构和云计算架构是两种主流且值得考虑的选项。

（1）微服务架构。微服务架构通过将应用拆分为一组小型、自治的服务，每个服务都独立运行在自己的进程中，并使用轻量级通信机制（如 HTTP/RESTful API）进行通信。这种架构模式具有以下优势：高度解耦，服务之间松耦合，使单个服务的变更不会影响到整个系统，降低了系统的复杂性；快速迭代，每个服务都可以独立开发、测试和部署，大大加快了新功能的上线速度；易于扩展，根据业务需求，可以灵活地增加或减少服务实例，实现弹性伸缩。

对于思政教育平台而言，如果教育内容需要频繁更新和迭代，或者平台需要支持多种不同的教育服务（如在线课程、考试系统、互动论坛等），微服务架构将是一个理想的选择。它允许平台在保持整体稳定的同时，快速响应教育内容和形式的变化。

（2）云计算架构。云计算架构利用云端的资源弹性，实现了按需分配和高效利用。它提供了计算、存储、网络等资源的虚拟化服务，使平台可以根据实际需求动态调整资源分配，降低了运维成本。云平台能够根据应用负载自动调整资源分配，确保平台在高并发场景下依然稳定运行。通过按需付费模式，平台只需为实际使用的资源付费，避免了资源闲置造成的浪费。云平台提供了丰富的部署工具和自动化脚本，简化了应用的部署和运维过程。

对于思政教育平台而言，如果平台需要处理大规模的用户并发请求，或者需要存储和处理大量的教育数据（如学生学习记录、课程视频等），云计算架构将是一个明智的选择。它能够确保平台在应对高峰流量时依然保持稳定，同时降低运维成本。

（3）综合考量。选择架构模式时，思政教育平台应综合考虑自身的业务特点、发展规划以及技术团队的能力。如果平台需要快速迭代和扩展，且技术团队对微服务架构有深入的了解和实践经验，那么微服务架构将是更合适的选择。如果平台需要处理大规模的用户并发和数据存储，且希望降低运维成本，那么云计算架构则可能更具优势。当然，也可以考虑将两者结合，构建一个既具备微服务架构灵活性，又能够利用云计算资源弹性的混合架构。

2.注重安全性设计

安全性是思政教育平台架构设计中的重要考量因素。在架构设计中，应充分考虑用户数据和信息的安全保护，确保平台成为一个安全、可靠的学习环境。

（1）数据加密存储与传输保护。对用户数据（如个人信息、学习记录等）进行加密存储，确保数据在存储过程中不被未经授权的访问或泄露。使用SSL/TLS 等加密协议保护数据在传输过程中的安全，防止数据被截获或篡改。

（2）访问控制机制的设立。建立严格的身份验证机制，确保只有合法的用户才能访问平台。根据用户的角色和权限，实施访问控制，防止用户越权操作。建立审计日志系统，记录用户的操作行为，以便在发生安全事件时进行追溯和调查。同时，实施实时监控，及时发现并应对潜在的安全威胁。

（3）安全漏洞的防范与应对。定期对平台进行安全审计，发现并修复潜在的安全漏洞。建立完善的安全应急响应机制，包括应急预案的制定、应急团队的组建、应急演练的开展等，确保在发生安全事件时能够迅速响应并有效处置。

通过多层次、全方位的安全性设计，思政教育平台能够确保用户数据和信息的安全保护，为用户提供一个安全、可靠的学习环境。

3.优化用户体验

用户体验是架构设计中的另一个重要考量因素。一个优秀的思政教育平台应该具备简洁明了的界面设计、流畅的操作体验以及丰富的功能支持。在架构设计中，应充分考虑用户的实际需求和操作习惯，合理规划平台的布局和导航结构，确保用户在使用过程中能够获得流畅、稳定的体验。

（1）根据用户的使用习惯和需求，合理规划平台的布局和导航结构，使用户能够轻松找到所需的功能和信息。采用简洁、清晰的视觉设计风格，避免过多的装饰和冗余的元素，提升用户的视觉体验。

（2）优化平台的性能，确保用户在操作过程中能够获得快速的响应和反馈。例如，通过优化数据库查询、减少页面加载时间等方式提升平台的响应速度。确保平台在高并发场景下依然能够稳定运行，避免出现卡顿、崩溃等问题。这需要通过合理的架构设计、资源分配以及性能监控等手段来实现。

（3）根据用户的需求和期望，提供在线课程、考试系统、互动论坛、学习进度跟踪等功能支持，以满足用户多样化的学习需求。确保平台的功能设计简洁易懂，用户能够轻松上手并快速掌握使用方法。这需要通过用户调研、测试反馈等方式来不断优化和改进平台的功能设计。

通过优化用户体验，思政教育平台能够提升用户的易用性和满意度，吸引更多的用户参与和使用平台，从而推动思政教育事业的快速发展。

（二）功能模块开发

功能模块是思政教育平台的核心组成部分，它直接关系到平台的使用效果和用户体验。在功能模块的开发过程中，应紧密围绕思政教育的实际需求进行设计和开发，以满足学生多样化的学习需求。

1.在线课程模块

在线课程模块作为思政教育平台的核心功能，其设计与开发直接关乎平台的教育效果与用户体验。该模块需从多个维度进行深入构建，确保学生能够以最适合自己的方式获取知识，提升学习效果。

为了吸引学生并保持其学习兴趣，平台应提供丰富多样的课程资源，涵盖视频课程、音频课程、图文课程等多种形式。视频课程可以直观展示教学内容，通过动画、实景拍摄等手段增强课程的趣味性和生动性；音频课程则适合学生随时随地听学，如利用碎片时间进行知识吸收；图文课程则便于学生快速浏览和回顾知识点，形成系统的知识框架。此外，课程资源应涵盖不同难度层次，从基础知识到深入探究，满足不同学习水平学生的需求。

分析学生的学习历史、兴趣偏好以及学习进度，运用大数据和人工智能技术，为学生推送符合其个性化学习需求的课程内容。

平台应提供课程的分类、搜索和推荐功能，使学生能够轻松找到感兴趣的课程。分类功能可以按照学科、年级、难度等多个维度进行，确保学生能够快速定位到目标课程；搜索功能则应支持关键词搜索、模糊搜索等多种方式，提高搜索的准确性和效率；推荐功能则基于学生的学习行为和偏好，为其推送相关课程，引导其进行深入学习。

平台应能够记录学生的学习进度，包括已完成的课程、正在进行的课程以及未开始的课程，使学生能够清晰地了解自己的学习情况。学习记录的保存功能可以帮助学生回顾学习历程，查找遗漏的知识点，为复习和巩固提供便利。

在线课程并非简单的知识传递，而是需要激发学生的主动参与和思考。因此，平台应设计多种形式的课程互动环节，如在线测试、作业提交、小组讨论等，以检验学生的学习效果并促进知识的内化。在线测试可以即时反馈学生的学习情况，帮助他们及时发现并纠正错误；作业提交则能够督促学生按时完成学习任务，培养自律性；小组讨论则可以促进学生之间的交流与合作，共同解决问题，提升团队协作能力。

为了进一步增强课程的参与性，平台还可以引入游戏化学习元素，如积分系统、排行榜等，激励学生积极参与课程互动和学习活动。通过设定明确的学习目标和奖励机制，学生可以更加主动地投入学习之中。

2.互动交流模块

互动交流模块是思政教育平台中促进学生之间、师生之间交流的重要桥梁。它不仅能够增强学生的参与感和归属感，还能为教师的教学改进提供宝贵的反馈。

（1）交流方式的多样性与灵活性。平台应提供多种交流方式，以满足学生不同的交流需求。论坛是一个开放的讨论空间，学生可以就某个话题发表自己的观点和看法，与其他同学进行深入的交流和探讨；聊天室则更适合即时交流，学生可以就学习中的疑问或困惑进行快速提问和解答；问答系统则是一个结构化的知识库，学生可以搜索并查看其他同学或教师提出的问题和答案，解决自己的学习难题。平台还应支持私信功能，以便学生之间进行一对一的交流。这种私密性的交流方式可以保护学生的隐私，使他们更加自由地表达自己的观点和感受。

（2）交流内容的丰富性与深度。互动交流模块不仅应关注学生的学术问题，还应涉及学生的情感需求和生活困扰。通过设立不同的交流板块和主题，如学习心得分享、情感交流区、生活小贴士等，学生可以找到与自己兴趣相投的伙伴，进行深入的交流和互动。这种丰富多样的交流内容不仅能够拓宽学生的视野和知识面，还能增强他们的情感共鸣和归属感。为了提升交流的深度，平台可以鼓励学生发表长文或深度评论，就某个话题进行深入的剖析和探讨。同时，教师还可以定期参与讨论，为学生提供专业的指导和建议，引导他们进行深入思考和学习。

（3）反馈机制的及时性与有效性。通过设立意见箱、在线调查等方式，学生可以匿名或实名提出自己的意见和建议，为平台的改进提供有价值的参考。同时，教师还可以通过查看学生的交流记录和讨论内容，了解他们的学习难点和困惑，为教学改进提供有针对性的指导。对于学生的问题和建议，平台管理员或教师应尽快进行回复和处理，确保学生的问题得到及时解决，建议得到有效采纳。

3.学习资源模块

学习资源模块是思政教育平台的重要组成部分，它为学生提供了丰富的学习资料和工具，支持他们的自主学习和巩固知识。

（1）学习资源的全面性与系统性。平台应提供全面的学习资源，涵盖课件、教案、习题集、参考文献等多种类型。课件和教案是学生学习的基础材料，应包含详细的知识点讲解和案例分析；习题集则可以帮助学生巩固所学知识，提高解题能力；参考文献则为学生提供了进一步深入学习的资料和线索。这些资源应按照学科、年级、知识点等维度进行系统分类和整理，方便学生进行查找和浏览。

（2）资源上传下载与分享的便捷性。为了满足学生之间共享学习资源的需求，平台应支持资源的上传、下载和分享功能。学生可以上传自己的学习资料或找到的优质资源，与其他同学共享；同时，他们也可以下载其他同学上传的资源，进行学习和参考。这种资源的共享机制不仅能够促进知识的传播和共享，还能增强学生的合作意识和团队精神。

（三）平台测试与上线

1.全面测试

在思政教育平台开发完成后，全面测试是确保其质量和稳定性的首要步骤。这一环节不仅关乎平台能否顺利上线，更直接影响到后续的用户体验和教学效果。因此，全面测试必须涵盖功能测试、性能测试、安全测试等多个维度，以构建平台质量的坚固防线。

（1）功能测试。功能测试是全面测试的核心部分，旨在验证平台的各项功能是否按照设计要求正常运行。测试团队需要逐一测试平台的每一个功能模块，包括在线课程、互动交流、学习资源等，确保它们能够准确无误地完成既定任务。例如，在线课程模块应能顺畅播放视频、音频，支持课程的分类、搜索和推荐；互动交流模块应能实时传递信息，支持多种交流方式；学习资源模块则应能便捷地上传、下载和分享资源。

在功能测试过程中，测试团队还需关注功能的易用性和用户体验。他们应模拟真实用户的使用场景，检查平台界面是否友好、操作是否便捷、提示信息是否清晰等。通过不断优化功能设计，提升用户体验，使平台更加符合用户的实际需求。

（2）性能测试。性能测试旨在评估平台在高并发、大数据量等极端情况下的表现。这是检验平台稳定性和可靠性的重要手段。测试团队需要模拟大量用户同时访问平台、上传或下载大量数据等场景，观察平台的响应速度、资源占用情况以及是否出现崩溃或错误。

测试团队还需关注平台的可扩展性和容错性，检查平台是否支持水平扩展，即能否通过增加服务器数量来应对用户量的增长；验证平台在出现故障时是否具备自动恢复或切换备用系统的能力。通过这些测试，可以确保平台在面临极端情况时仍能保持稳定运行。

（3）安全测试。安全测试旨在检查平台是否存在安全漏洞和隐患，确保用户数据的安全性和隐私性。测试团队需要对平台的登录认证、数据加密、访问控制等关键环节进行逐一测试，验证它们是否能够有效防范恶意攻击和数据泄露。安全测试还应包括漏洞扫描和渗透测试。漏洞扫描可以自动检测平台代码中存在的已知漏洞，而渗透测试则是由专业的安全测试人员模拟黑客攻击，尝试绕过平台的安全防护机制。通过这些测试，可以及时发现并修复潜在的安全风险，确保平台的安全性和可靠性。

2.优化与调整

在全面测试过程中，测试团队难免会发现一些问题和不足之处。这时，优化与调整就显得尤为重要。通过不断的优化和调整，可以使平台更加完善、稳定，提升用户体验和教学效果。

（1）代码优化。测试团队需要对平台的源代码进行逐一审查，找出影响性能的关键部分，并进行优化。例如，他们可以通过简化算法、减少数据库查询次数、优化页面加载速度等方式，提升平台的运行效率。同时，还需关注代码的可读性和可维护性，确保后续开发能够顺利进行。

（2）数据库优化。优化数据库可以显著提高平台的响应速度和数据处理能力。测试团队需要对数据库的结构、索引、查询语句等进行优化，确保数据能够高效、准确地存取。此外，还需关注数据库的备份和恢复机制，确保数据的安全性和可靠性。

（3）界面优化。测试团队需要对平台的界面设计进行逐一审查，找出影响用户体验的关键部分，并进行改进。例如，他们可以通过调整界面布局、优化色彩搭配、增加交互元素等方式，提升界面的美观性和易用性。同时，还需关注界面的响应速度和稳定性，确保用户在使用过程中能够流畅、稳定地操作平台。

3.上线与监控

当平台通过全面测试并达到上线标准后，就可以进行上线操作了。然而，上线并不意味着工作的结束，而是新的开始。为了确保平台的稳定运行和用户体验，上线后的监控和迭代升级同样重要。

（1）上线前准备。测试团队需要对服务器进行压力测试，验证其是否能够承受高并发访问和大数据量处理；检查服务器的安全防护措施，确保没有安全漏洞和隐患；建立数据的备份和恢复机制，以防万一出现数据丢失或损坏的情况。

（2）上线操作。测试团队需要密切关注平台的运行状态和用户反馈，确保平台能够平稳过渡到正式环境，并及时处理可能出现的异常情况；与用户保持沟通，了解他们的使用体验和意见反馈，为后续的迭代升级提供有价值的参考。

（3）上线后监控。测试团队需要建立完善的监控体系，实时掌握平台的运行状态和用户行为。他们应关注服务器的负载情况、用户访问量、异常报警等关键指标，及时发现并解决潜在问题。通过监控数据分析，还可以了解用户的使用习惯和偏好，为平台的优化和升级提供有力支持。

（4）迭代升级。测试团队需要根据用户的反馈和市场需求，不断对平台进行改进和优化。他们应关注新技术的发展趋势，将其应用到平台中，提升平台的竞争力和创新能力。同时，还需与用户保持密切沟通，了解他们的新需求和期望，为平台的未来发展指明方向。

二、平台内容的更新与管理

思政教育平台作为传播正确价值观、培养高素质人才的重要载体，其内容的质量与更新速度直接关系到平台的吸引力和影响力。为了确保平台内容的时效性、原创性和合规性，以及持续优化用户体验，必须建立一套完善的内容更新与管理机制。

（一）内容更新机制

1.制定定期更新计划

在思政教育平台的运营中，内容更新是维持平台活力、吸引用户持续关注的核心策略。为了确保平台内容能够紧跟时代步伐，满足用户不断变化的学习需求，制定一个详尽且可行的定期更新计划显得尤为重要。

（1）明确更新频率。首先，根据平台定位、用户群体及内容特性，确定一个合理的更新频率。这可以是每周、每月或每季度进行一次大规模的内容更新，同时辅以日常的小范围调整和优化。确保更新频率既不过于频繁，导致用户感到信息过载，也不至于过于稀疏，让用户感到平台缺乏活力。

（2）规划更新内容。规划每次更新的具体内容，包括时事热点解读、政策分析、典型案例分享、理论前沿探讨等。通过多样化的内容形式，确保平台能够全面覆盖思政教育的各个方面，满足用户多元化的学习需求。

（3）安排负责人员与时间节点。为了确保更新计划的顺利实施，需要明确每个更新项目的负责人员及具体的时间节点。通过设立项目负责人制，确保每个环节都有专人负责，避免出现责任不清、推诿扯皮的情况。同时，合理安排时间节点，确保各项更新任务能够按时保质完成，为平台的稳定运行提供有力保障。

通过制定并严格执行定期更新计划，思政教育平台能够始终保持内容的时效性与新鲜感，吸引用户持续关注和参与，从而不断提升平台的影响力和知名度。

2.注重内容的原创性和深度

在内容更新的过程中，原创性和深度是提升平台品牌价值和用户黏性的关键因素。只有提供独一无二、有深度的内容，才能让用户对平台产生浓厚的兴趣和信任。

（1）强化原创性。平台应鼓励创作者发挥个人才华，创作具有独特视角和观点的内容；建立严格的版权保护机制，防止内容被恶意抄袭或盗用。通过不断推出原创内容，平台能够逐渐形成自己的独特风格和品牌特色，吸引更多用户的关注和喜爱。

（2）挖掘内容深度。平台应注重挖掘事件背后的原因、影响和意义，为用户提供有见地、有启发的分析。通过深入剖析时事热点、政策变化等话题，帮助用户更好地理解社会现象和时代趋势，提升他们的思政素养和综合能力。同时，深度内容还能够激发用户的思考和讨论，促进平台与用户之间的互动和交流。

（3）建立激励机制。平台应建立有效的激励机制，如物质奖励、精神鼓励、荣誉表彰等，用以激发创作者的积极性和创造力，为平台提供源源不断的优质内容。

通过注重内容的原创性和深度，思政教育平台能够打造出自己的独特品牌和价值，吸引更多用户的关注和信赖，从而在激烈的市场竞争中脱颖而出。

3.与高校、研究机构等合作

为了进一步提升思政教育平台内容的质量和权威性，与高校、研究机构等建立紧密的合作关系是一条有效途径。通过合作，平台可以充分利用高校和研究机构的学术资源和专业优势，为内容创作提供有力支持。

（1）共同打造精品思政课程。与高校合作开发精品思政课程，涵盖思政教育的各个方面，如马克思主义理论、中国近现代史、社会主义核心价值观等。通过高校教师的专业讲解和深入分析，确保课程内容的专业性和权威性。同时，这些课程还可以作为平台的核心资源，吸引更多用户的学习和参与。

（2）引入专家学者的观点和研究成果。与研究机构合作，可以引入更多专家学者的观点和研究成果。这些专家学者在各自领域具有深厚的学术造诣和丰富的实践经验，他们的观点和成果能够为平台内容提供有力的学术支撑。通过邀请他们撰写专栏文章、参与在线讲座等形式，将他们的知识和智慧传递给更多用户，提升平台内容的深度和广度。

（3）促进学术交流与资源共享。定期举办学术研讨会、交流会等活动，为平台创作者和专家学者提供一个交流思想、分享经验的平台。还可以建立资源共享机制，将高校和研究机构的图书资料、研究成果等向平台用户开放，为他们提供更加丰富的学习资源。

通过与高校、研究机构等建立合作关系，思政教育平台可以显著提升内容的质量和权威性，为用户提供更加专业、权威的思政教育服务。

4.利用技术手段优化内容呈现：提升用户体验与学习效果

随着技术的不断发展，思政教育平台应充分利用多媒体、交互式等技术手段来优化内容呈现，提升用户体验与学习效果。

（1）多媒体技术的应用。通过视频、音频、动画等多媒体形式，将抽象、枯燥的思政知识以直观、生动的方式呈现出来。这不仅可以激发用户的学习兴趣，还能够帮助他们更好地理解和掌握相关知识。例如，通过制作精美的动画视频来讲解历史事件或理论概念，让用户在观看视频的过程中轻松掌握知识要点。

（2）交互式学习体验。利用交互式技术手段，如在线测试、互动问答、虚拟仿真等，提升用户的参与度和学习效果。通过在线测试，用户可以及时了解自己的学习掌握情况；通过互动问答，用户可以与其他用户或专家进行实时交流，解决学习中的疑难问题；通过虚拟仿真技术，用户可以身临其境地体验历史事件或社会现象，加深对相关知识的理解。

（3）个性化学习推荐。利用大数据和人工智能技术，分析用户的学习行为和偏好，为他们提供个性化的学习推荐。通过智能推荐系统，用户可以根据自己的兴趣和需求选择适合的学习内容和学习路径，提高学习的针对性和效率。同时，平台还可以根据用户的学习进度和反馈，及时调整推荐策略，确保用户能够持续获得有价值的学习资源。

通过利用技术手段优化内容呈现，思政教育平台可以为用户提供更加丰富多彩、生动有趣的学习体验，提升他们的学习效果和满意度。同时，这种技术创新还有助于推动思政教育的现代化和信息化建设，为培养新时代的高素质人才贡献力量。

5.持续评估与反馈机制

为了确保思政教育平台内容更新与优化的有效性，建立持续评估与反馈机制至关重要。这一机制能够及时发现并纠正内容更新过程中出现的问题，确保平台内容始终符合用户需求和教育目标。

（1）设立评估指标。首先，需要设立一套科学、合理的评估指标，用于衡量内容更新与优化的效果。这些指标可以包括用户满意度、学习成效、内容质量、更新频率等多个方面。通过定期对这些指标进行量化评估，可以直观地了解内容更新与优化的成效，为后续改进提供有力依据。

（2）收集用户反馈。用户是平台内容的直接使用者，他们的反馈对于评估内容更新与优化的效果具有至关重要的作用。因此，平台应建立有效的用户反馈机制，如设立意见箱、开展在线调查、组织用户座谈会等，鼓励用户积极提出自己的意见和建议。通过收集并分析用户反馈，可以及时发现内容更新与优化中存在的问题和不足，为改进提供有针对性的指导。

（3）定期总结与调整。在评估指标和用户反馈的基础上，平台应定期进行总结与调整。对于评估结果较好的内容更新与优化项目，应继续坚持并不断完善；对于评估结果不佳或用户反馈较差的项目，应及时进行反思和调整，确保内容更新与优化始终符合用户需求和教育目标。同时，还应根据市场变化和教育发展趋势，不断调整和优化评估指标和反馈机制，确保平台内容始终与时俱进、满足用户需求。

（二）内容审核流程

1.建立三级审核制度

在当今信息爆炸的时代，确保平台内容的合法性和合规性已成为各大内容平台不可忽视的重要任务。为了有效防范法律风险，维护平台声誉，建立一套科学、严密的三级审核制度显得尤为重要。

（1）初审：基础筛查，确保内容基本质量。初审是内容审核流程的第一道防线，主要由内容编辑或创作者自行完成。这一环节的重点在于对内容的基础性筛查，包括检查文本的语法、拼写、标点等基本错误，以及图片的清晰度、版权问题等。通过初审，可以剔除那些因粗心大意或技术失误导致的低级错误，确保内容在形式上符合基本的发布要求。

此外，初审还应包括对内容初步的政治方向和道德判断。虽然这一环节不要求对内容进行深入的政治审查或道德评判，但编辑或创作者应具备基本的政治敏锐性和道德观念，对于明显违反社会主义核心价值观或可能引发社会争议的内容，应及时标记并上报，以便后续环节进行更深入的审查。

（2）复审：专业审查，确保内容合规性。复审是内容审核流程中的关键环节，由专业审核人员或团队进行。这一环节的重点在于对内容的政治方向、法律合规性、道德标准等方面进行全面审查。复审人员需要具备丰富的政治、法律知识和敏锐的洞察力，能够准确识别并过滤掉那些可能违反国家法律法规、损害社会公共利益或违背社会公德的内容。

在复审过程中，应特别注意对敏感信息的识别和处理，包括政治敏感信息、涉及国家安全的内容等。复审人员应依据相关法律法规和平台规定，对这些内容进行严格审查，确保所有上线内容均符合国家和社会的要求，还应关注内容的逻辑性、可读性、创新性等方面，确保内容在吸引用户的同时，也能传递正确的价值观和正能量。

（3）终审：最终把关，确保平台标准统一。终审是内容审核流程的最后一道防线，由平台高层或相关部门负责人进行最终把关。这一环节的重点在于对复审通过的内容进行再次审核，确保所有上线内容均符合平台的整体标准和要求。终审人员需要从全局出发，对内容的政治方向、法律合规性、道德标准、质量水平等方面进行综合考虑，确保平台内容的统一性和协调性。

在终审过程中，应特别注意对争议性内容的处理。对于那些可能引发社会争议或用户不满的内容，终审人员应谨慎判断其是否适合在平台上发布。如果内容确实存在争议性，但具有一定的社会价值或教育意义，可以通过添加引导语、注释等方式进行适当引导，避免引发不必要的误解或冲突。

同时，终审还应包括对审核流程的监督和评估。通过定期回顾和分析审核过程中的问题和不足，不断优化审核流程和方法，提高审核效率和准确性。此外，终审人员还应关注行业动态和法律法规的变化，及时调整平台标准和要求，确保平台内容始终与时俱进、符合国家和社会的期望。

通过建立三级审核制度，平台可以构建一道严密的内容审核防线，有效防范法律风险，维护平台声誉。同时，这也能够提升用户的使用体验，增强用户对平台的信任度和忠诚度。

2.识别敏感信息和不良内容

随着网络技术的不断发展，敏感信息和不良内容的传播速度和范围也在不断扩大，给网络环境带来了极大的威胁。平台必须采取有效措施，精准识别并过滤掉这些有害信息。

为了有效识别敏感信息和不良内容，平台应建立庞大的关键词库。通过关键词匹配技术，平台可以实现对内容的快速筛查，及时发现并过滤掉那些包含敏感词汇的信息。同时，关键词库还需要不断更新和完善。随着网络语言的发展和变化，新的敏感词汇和不良内容形式会不断涌现。因此，平台应定期更新关键词库，确保其与时俱进，能够准确识别并过滤掉最新的敏感信息和不良内容。

除了文本内容外，图片和视频也是敏感信息和不良内容的重要载体。平台可应用先进的图像识别技术自动分析图片和视频内容，及时识别、删除不良信息。图像识别技术的应用还可以提高审核效率。相比于人工审核，图像识别技术可以在更短的时间内处理大量的图片和视频内容，减轻审核人员的工作负担，提高审核效率。同时，图像识别技术还可以避免人工审核可能存在的主观性和误判风险，确保审核结果的客观性和准确性。

随着人工智能技术的不断发展，其在内容审核领域的应用也越来越广泛。平台可以结合人工智能技术更加智能地识别、过滤不良内容。例如，利用自然语言处理技术和机器学习算法理解文本内容的语义和情感色彩，识别那些隐含的敏感信息和不良内容。

人工智能技术还可以实现对用户行为的监测和分析。通过监测用户的浏览记录、评论内容等，平台可以及时发现并处理那些可能发布敏感信息和不良内容的用户。这不仅可以有效遏制不良信息的传播，还可以对恶意用户进行惩罚和警示，维护平台的良好秩序。

3.建立快速响应机制

在内容审核流程中，建立快速响应机制是确保平台形象和用户权益的重要保障。当用户举报或反馈问题内容时，平台应能够迅速响应并处理，避免问题内容的进一步传播和扩散。

（1）设立专门的举报渠道。设立专门的举报渠道，可以是平台内的举报按钮、客服邮箱、社交媒体账号等，便于用户举报问题内容，提高举报的效率和准确性。平台还应加强对举报渠道的宣传和推广。通过在用户注册时提示、在平台内设置明显的举报入口等方式，引导用户积极举报问题内容，共同维护平台的良好环境。

（2）安排专人负责处理举报信息。当收到用户的举报信息时，平台应安排专人负责处理。这个负责人需要具备丰富的审核经验和敏锐的判断力，能够迅速判断举报内容的真实性和严重性，并及时采取相应的处理措施。处理举报信息时，应遵循公正、客观、及时的原则。对于确实存在问题的内容，应及时删除或屏蔽;对于误报或恶意举报的情况,也应给予合理的解释和反馈。同时，平台还应保护举报人的隐私和安全，避免其因举报行为而遭受不必要的麻烦和损失。

（3）制定紧急处理预案。为了应对可能出现的紧急情况，平台应制定紧急处理预案。这个预案应明确各种紧急情况的应对措施和处理流程，包括但不限于内容泄露、恶意攻击、大规模举报等。通过制定紧急处理预案，平台可以在紧急情况下迅速响应并处理，避免事态的进一步恶化。平台还应定期对紧急处理预案进行演练和评估，检验预案的可行性和有效性，及时发现并改进预案中的不足之处。

（三）用户反馈与改进

1.建立畅通的用户反馈渠道

在思政教育平台的运营与发展中，用户反馈如同一面镜子，映射出平台在内容、功能、服务等多方面的表现与不足。为了持续优化用户体验，提升平台的教育效果与影响力，建立畅通的用户反馈渠道显得尤为重要。这一环节不仅关乎用户意见的收集，更是平台与用户之间建立信任、增进理解的桥梁。

（1）多元化反馈渠道，覆盖广泛用户群体。除了传统的在线问卷、电子邮箱等反馈方式外，还可以利用社交媒体、论坛、APP内反馈功能等现代通信手段，让用户能够随时随地、方便快捷地提出自己的意见和建议。特别是针对年轻用户群体，他们更倾向于使用移动设备和社交媒体，因此，平台应特别重视在这些渠道上的布局与优化。

（2）明确反馈入口，提升用户参与度。在平台上设置明显的用户反馈专区或按钮，是提升用户参与度、鼓励用户积极反馈的有效手段，还可以通过设置奖励机制，如积分、优惠券等，激励用户主动反馈，形成良性循环。此外，平台还应定期发布反馈征集活动，围绕特定主题或功能，引导用户进行有针对性的反馈，从而收集到更加精准、有价值的信息。

（3）建立定期沟通机制，深化用户理解。除了被动的反馈收集外，平台还应主动出击，建立与用户之间的定期沟通机制。这包括定期举办用户座谈会、线上研讨会等，邀请用户代表参与，直接听取他们的声音。通过这些活动，平台可以更加深入地了解用户的需求、偏好和痛点，为后续的改进提供有力的依据。同时，这也是增强用户归属感、提升平台品牌形象的重要途径。

2.及时处理用户反馈问题

用户反馈的收集只是第一步，更重要的是如何高效、准确地处理这些反馈问题。只有当用户看到他们的意见被重视、问题得到解决时，他们才会对平台产生真正的信任和依赖。

（1）建立快速响应机制，确保问题及时解决。平台应建立一套完善的快速响应机制，确保用户反馈的问题能够在最短的时间内得到回应和处理。这包括设立专门的客服团队，负责接收、分类、转办用户反馈，以及跟踪处理进度和结果。同时，平台还应设定明确的问题处理时限，如24小时内回复、7天内解决等，以提高用户满意度。

（2）明确问题责任人，确保责任到人。在处理用户反馈问题时，应明确每个问题的责任人，确保问题有人管、有人负责。这可以通过建立问题处理流程图和责任清单来实现。当问题出现时，能够迅速定位到具体的责任人，避免推诿扯皮、效率低下的情况发生。同时，平台还应定期对问题处理情况进行复盘和总结，对表现优秀的责任人给予表彰和奖励，对存在问题的责任人进行提醒和纠正。

（3）建立问题反馈机制，形成闭环管理。除了快速响应和明确责任人外，平台还应建立问题反馈机制，如邮件通知、短信提醒、平台内消息等，使用户能够及时了解问题的处理进度。当用户看到他们的问题得到重视和解决时，他们会对平台产生更加积极的评价和态度。这也是平台展示自己负责任、有担当形象的重要机会。

3.定期进行用户满意度调查：精准把脉，持续改进

用户满意度是衡量平台表现和服务质量的重要指标。为了不断优化用户体验、提升用户满意度，平台应定期进行用户满意度调查。

（1）设计科学合理的调查问卷。调查问卷的设计应科学合理，既要涵盖平台的主要内容和功能，又要避免过于冗长和复杂。问卷应包含封闭式问题和开放式问题相结合，以便收集到更加全面、深入的用户反馈。同时，问卷的措辞应简洁明了、易于理解，避免产生歧义或误导用户。

（2）采用多种调查方式，如电话访问、面对面访谈等多种调查方式，提高用户的参与度。特别是针对重要用户或特定用户群体，可以采用更加个性化的调查方式，如定制化问卷、深度访谈等，以获取更加精准、有价值的信息。

（3）分析调查结果，制定改进措施。调查结束后，平台应及时对调查结果进行分析和总结，找出用户满意度较高的方面和存在的问题与不足。针对问题，应制定具体的改进措施和计划，并明确责任人和时间节点。同时，平台还应将改进措施和计划向用户进行公示和反馈，让用户看到平台在积极行动、持续改进的决心和行动。

（4）跟踪改进效果，形成持续改进循环。改进措施实施后，平台应跟踪其效果，并进行评估和总结。对于效果显著的措施，应继续坚持和推广；对于效果不佳的措施，应及时调整和优化。通过不断跟踪改进效果、形成持续改进循环，平台可以不断提升用户满意度、优化用户体验。

4.建立持续改进机制

除了针对具体问题的改进外，平台还应建立持续改进机制，以创新驱动发展、引领未来。这包括定期总结平台运营情况、分析用户行为数据、引入新技术和新理念等多个方面。

平台应定期总结运营情况，包括用户数量、活跃度、留存率等关键指标的分析和评估。通过总结，可以把握平台的发展脉络和趋势，为后续的改进和升级提供有力的数据支持。同时，也可以及时发现和纠正运营中存在的问

题和不足，确保平台始终保持良好的发展态势。

平台应利用大数据、人工智能等技术手段，深入分析用户行为数据，包括浏览记录、点击率、停留时间等。通过数据分析，可以更加准确地把握用户的需求和痛点，为平台的改进和升级提供有力的依据。同时，也可以发现用户的新需求和新趋势，为平台的创新发展提供灵感和动力。

随着科技的不断进步和教育理念的不断更新，思政教育平台也应与时俱进、不断创新。平台应积极引入新技术和新理念，如虚拟现实、增强现实、人工智能等，为用户提供更加丰富、多元、个性化的学习体验。同时，也应关注教育行业的最新动态和趋势，及时调整和优化平台的发展战略和产品规划，确保平台始终保持领先地位。

第三节 媒介素养保障

随着信息技术的飞速发展，媒介已成为现代社会不可或缺的信息传播工具。提升媒介素养，对于个人在信息时代的生存与发展具有重要意义。特别是在教育领域，师生的媒介素养水平直接关系到教育教学的质量和效果。因此，构建媒介素养保障体系，提升师生的媒介素养，成为当前教育工作的重要任务。

一、提升师生的媒介素养

对于师生群体而言，媒介素养不仅关乎信息的有效获取与利用，更是培养批判性思维、创新能力及社会责任感的关键。因此，提升师生的媒介素养，不仅是教育现代化的必然要求，也是培养未来社会所需人才的重要途径。

（一）媒介素养重要性认识

1.信息时代的必备技能

在信息爆炸的今天，我们生活在一个被各种媒介信息所包围的世界里。从传统的报纸、电视，到现代的互联网、社交媒体，每时每刻都有海量的信息通过这些渠道涌向我们。对于师生这一特殊群体而言，他们既是知识的传播者，也是知识的学习者。在信息时代的背景下，媒介素养成为他们必备的一项技能，帮助他们更好地应对信息过载，高效筛选并准确判断信息的价值。

（1）提升信息筛选能力。学生应具备高效的筛选信息的能力，以便从海量的信息中快速找到所需资源。媒介素养的提升，能够帮助他们学会使用各种信息检索工具，掌握有效的搜索策略，从而在短时间内获取到最有价值的信息。这不仅提高了学习效率，也提升了教学质量，使师生能够更专注于核心内容的深入学习和探讨。

（2）增强信息判断能力。息的真实性、准确性和可靠性是学生在学术研究和日常生活中必须关注的重要问题。只有具备良好的媒介素养，学生才能有的放矢地分析信息来源，从而避免被虚假信息或误导性信息所欺骗。通过学习和实践媒介素养，学生能够学会识别信息的偏见、误导和虚假宣传，保持对信息的批判性态度，确保所获取的信息是真实可靠的。

（3）促进信息整合与应用。介素养不仅关乎信息的筛选和判断，还涉及信息的整合与应用。学生需要具备将来自不同渠道、不同形式的信息进行整合的能力，以便形成全面的认识和理解。通过媒介素养的提升，他们能够学会如何有效地整合信息，将其应用于学术研究、教学实践以及日常生活中，从而提升自己的综合能力和素质。这种能力的提升，对于学生的个人发展和职业发展都具有重要意义。

2.批判性思维的基石

媒介素养的核心在于培养批判性思维，即能够独立思考、质疑信息来源、分析信息内容、评估信息价值的能力。对于学生而言，批判性思维不仅是学术研究的基础，也是日常生活中做出理性决策的关键。

在信息时代，各种观点、意见和信息层出不穷。学生需要具备独立思考的能力，以便在众多的声音中保持自己的判断力和主见。媒介素养的提升，能够帮助他们学会独立思考，不盲目跟风或接受他人的观点，而是根据自己的判断和分析来做出决策。这种独立思考的能力，对于学生的学术研究和个人成长都至关重要。

良好的媒介素养能够帮助学生分析信息内容。学生能够根据信息的真实性、相关性、时效性和重要性等因素，对信息进行综合评估，从而确定其对于自己的学习和生活的价值。

3.创新能力的培养

媒介素养的提升不仅关乎信息的筛选、判断和应用，更在于鼓励学生主动探索、创造新内容。在信息时代，每个人都是内容的创造者和传播者。通过学习和实践媒介技能，学生可以更加自如地表达自己的观点，创作有价值的作品，从而在学习和工作中展现出更强的创新能力。

（1）激发创造力。媒介素养的提升能够激发学生的创造力，使他们更加勇于尝试新的表达方式和创作形式。通过学习和实践媒介技能，他们能够掌握各种创作工具和技术，从而创作出独具特色、富有创意的作品。这种创造力的激发，不仅有助于学生在学术研究和教学实践中取得更好的成果，也能够为他们的个人发展和职业发展增添更多的亮点和竞争力。

（2）提升表达能力。媒介素养的提升还能够增强学生的表达能力，使他们更加自如地运用各种媒介渠道来表达自己的观点和想法。无论是通过文字、图片、视频还是音频等形式，他们都能够准确地传达自己的意图和情感，从而增强传播效果。这种表达能力的提升，不仅有助于学生更加有效地传递知识和信息，也能够为他们在社交媒体等公共平台上发声提供更多的机会。

（3）促进跨学科融合。媒介素养的提升还能够促进不同学科之间的融合和交流，为学生提供更加广阔的创新视野。通过学习和实践媒介技能，他们能够跨越学科界限，将不同领域的知识和技能进行融合和创新。这种跨学科的融合和创新，为学生的个人发展和职业发展打开更多的门户和机会。

4.社会责任感的塑造

媒介素养还包含对媒介环境和社会责任的认知。学生作为社会的一员，通过媒介传播信息时，必须考虑到信息的社会影响。提升媒介素养，有助于培养学生的社会责任感，使他们在传播信息时更加注重真实性、公正性和积极性，为构建和谐社会贡献力量。

（1）增强社会责任意识。作为信息的传播者，学生需要具备强烈的社会责任意识，确保所传播的信息是真实可靠的。媒介素养的提升能够增强他们的社会责任意识，使他们更加注重信息的来源和真实性。在传播信息之前，他们会进行充分的调查和核实，确保信息的准确性和可靠性。这种负责任的态度和行为，有助于维护社会的公信力和稳定性。

（2）秉持公正原则。在传播信息时，学生需要秉持公正的原则，避免信息偏见和歧视。媒介素养的提升能够帮助他们学会如何识别和分析信息中的偏见和歧视，从而在传播信息时保持客观公正的态度。他们会努力呈现信息的多个方面和角度，让受众能够全面了解事实真相，做出理性的判断和决策。

（3）发挥积极作用。学生有责任通过媒介传播正能量，为构建和谐社会贡献力量。媒介素养的提升能够激发他们的积极性和创造力，使他们更加善于发现和传播社会中的正能量故事和事迹。通过他们的传播和努力，能够激发更多人的正能量和善意，共同营造一个更加和谐、美好的社会环境。

（二）媒介素养提升途径

1.加强媒介素养宣传教育

媒介素养不仅关乎个人发展，更影响着教育质量和学术诚信。因此，加强媒介素养宣传教育，构建全面认知体系，树立正确媒介观念，是提升媒素养的首要任务。

（1）举办系列讲座与研讨会。讲座与研讨会作为知识传播的重要形式，能够直接、高效地传递媒介素养的核心理念和实践经验。学校应定期邀请媒介素养领域的专家、学者，以及业界资深人士，来校举办专题讲座和研讨会。这些活动应涵盖媒介素养的基本概念、发展历程、重要性分析，以及国内外先进的教育实践案例。通过生动的案例讲解和深入浅出的理论分析，帮助学生全面了解媒介素养的内涵与外延，认识到媒介素养在信息时代的重要作用。

同时，讲座与研讨会还应设置互动环节，鼓励学生提问、讨论，形成双向交流的良好氛围。这种互动不仅能够加深学生对媒介素养的理解，还能激发他们的学习兴趣和探究欲望，为后续的学习和实践打下坚实基础。

（2）开设媒介素养课程。学校应根据不同年龄段学生的认知特点和需求，设计科学合理的媒介素养课程。课程内容应涵盖媒介认知、媒介使用、媒介批判、媒介创作等多个方面，旨在培养学生的媒介意识、媒介技能和媒介道德。

媒介素养课程应采用多种教学方法和手段，如讲授、讨论、案例分析、实践操作等，以确保教学效果。同时，课程还应注重与学生的实际生活相结合，引导学生将所学知识应用于日常媒介使用中，提高他们的媒介素养实践能力。

（3）营造浓厚的教育氛围。学校应充分利用校园广播、电视、报纸、网络平台等媒体资源，定期发布媒介素养相关内容，如媒介知识普及、媒介案例分析、媒介技能提升等。这些内容应以学生喜闻乐见的形式呈现，如短视频、图文报道、互动问答等，以吸引学生的注意力并激发他们的学习兴趣。

2.开展媒介素养实践活动

媒介素养的提升不仅依赖于理论知识的积累，更需要通过实践活动来锻炼和检验。因此，学校应积极开展媒介素养实践活动，为学生提供丰富的实践机会和平台。

（1）组织媒介制作工作坊。学校可以定期邀请专业媒体人士或校内优秀教师，组织新闻写作、视频剪辑、摄影技巧等媒介制作工作坊。这些工作坊应采用小班化教学，注重实践操作和个性化指导，确保每位参与者都能获得充分的练习和反馈。

（2）参与社交媒体运营。学校应鼓励学生积极参与校园官方社交媒体的运营工作，如微信公众号、微博、抖音等。通过实际操作，学生可以了解社交媒体的传播规律、用户习惯和营销策略，提高信息传播的针对性和有效性。在参与社交媒体运营的过程中，学生还可以学习如何制定内容策略、优化发布时间、监测传播效果等实用技能。这些技能不仅对于个人职业发展具有重要意义，还能为学校的品牌建设和文化传播贡献力量。

（3）开展媒介批评活动。学校可以组织学生对媒体上的新闻报道、广告、影视作品等进行批评性分析，引导他们从内容真实性、价值导向、艺术形式等多个角度进行审视和评判。

3.建立媒介素养评价体系

为了确保媒介素养教育的有效性和针对性，学校需要建立一套科学合理的媒介素养评价体系。这一体系应涵盖评价内容、评价方法和评价周期等多个方面，以确保评价的全面性和客观性。

（1）制定评价标准。学校应结合国内外媒介素养教育的先进经验和本校实际情况，制定一套科学合理的评价标准。这些标准应涵盖媒介认知、媒介使用、媒介批判、媒介创作等多个维度，明确每个维度的具体评价内容和要求。评价标准还应具有可操作性和可测量性，以便在实际评价过程中能够准确、客观地反映学生的媒介素养水平。通过制定明确的评价标准，学校可以为学生提供一个清晰的学习目标和努力方向，促进他们不断提升自己的媒介素养。

（2）实施定期评估。学校应采用多种评价方法和手段，如问卷调查、作品展示、面试等，定期对学生的媒介素养进行评估。这些评估应涵盖学生的媒介知识掌握情况、媒介技能运用水平、媒介道德表现等多个方面，以确保评价的全面性和准确性。通过定期评估，学校可以及时了解学生的媒介素养状况，发现存在的问题和不足。同时，评估结果还可以为学校调整媒介素养教育的内容和方式提供重要依据，确保教育的针对性和有效性。

（3）反馈与改进。学校应根据评估结果，及时向学生反馈存在的问题和不足，并提出具体的改进建议。这种反馈应具有针对性和建设性，以便学生能够明确自己的改进方向和目标。学校还应根据评估结果调整媒介素养教育的内容和方式，确保教育能够紧跟时代发展和学生需求的变化。通过不断的反馈与改进，学校可以形成一个良性循环，促进学生媒介素养的持续提升和教育质量的不断提高。

二、加强媒介素养教育课程

在信息化社会快速发展的今天，媒介素养已成为个体适应现代社会、参与社会生活不可或缺的基本能力。对于教育体系而言，加强媒介素养教育课程，不仅是提升学生综合素质的关键，也是培养未来社会所需人才的重要一环。

（一）课程设置与教材选用

1.完善课程设置

在信息化时代，媒介素养已成为个体必备的基本能力之一，它关乎个人如何有效地获取、分析、评价和传播信息。为了培养学生的媒介素养，学校必须完善课程设置，确保每个学生都能接受到系统而全面的媒介素养教育。这一目标的实现，需要从以下几个方面入手：

（1）开设媒介素养必修课程。学校应开设专门的媒介素养课程，作为所有学生的必修内容。这门课程应涵盖媒介基础知识，如媒介的类型、特点、功能以及媒介在信息社会中的作用；媒介信息识别与评估，教会学生如何辨别信息的真伪、价值以及来源的可靠性；媒介传播技巧，包括信息传播的基本规律、有效传播的策略以及受众心理的分析；媒介伦理与法律，探讨媒介使用中的道德规范和法律约束。

必修课程的设置，旨在为学生提供一个全面而深入的媒介素养知识框架，使他们能够初步掌握媒介素养的基本概念和理论，为后续的学习和实践打下坚实的基础。同时，必修课程的开设也体现了学校对媒介素养教育的重视，有助于提升全校师生对媒介素养的认识和重视程度。

（2）融入专业课程。媒介素养教育不应仅仅局限于一门独立的课程，而应渗透到各个学科的教学中，与专业知识相结合，形成跨学科的教育模式。例如，在语文教学中，教师可以结合媒介素养进行文本分析，引导学生分析新闻报道、广告文案等媒介文本的语言特点、传播效果和社会影响；在历史教学中，教师可以利用媒介资源，如纪录片、历史影片等，帮助学生更直观地了解历史事件和人物，同时培养他们的批判性思维和媒介分析能力；在政治教学中，教师可以引导学生关注时事新闻，分析政治信息的传播过程、影响因素以及政治广告的策略等。

将媒介素养教育融入专业课程，不仅可以丰富教学内容，提升教学效果，还可以帮助学生将媒介素养知识与专业知识相结合，形成更加全面和深入的知识体系。这种跨学科的教育模式有助于培养学生的综合素养，使他们在未来的学习和工作中能够更好地应对信息时代的挑战。

（3）开设选修课程与兴趣小组。除了必修课程和融入专业课程外，学校还应开设丰富多彩的媒介素养选修课程和兴趣小组，以满足学生多样化的学习需求和兴趣爱好。选修课程可以涵盖媒介技术的应用、媒介产品的制作、媒介营销与策划等多个方面，为学生提供更加深入和专业的媒介素养教育。同时，学校还可以组织媒介素养兴趣小组，如新闻社、摄影协会、视频制作团队等，为学生提供实践平台和展示机会，让他们在实践中不断提升自己的媒介素养。

选修课程和兴趣小组的开设，不仅可以激发学生的学习兴趣和积极性，还可以培养他们的创新意识和团队合作能力。通过这些活动，学生可以更加深入地了解媒介素养的各个领域，发现自己的兴趣和特长，为未来的职业规划和人生发展打下坚实的基础。

2.精选优质教材

教材是媒介素养教育的重要载体，其质量和内容直接影响到教学效果。因此，在选用教材时，学校应注重教材的时代性、科学性和实用性，确保学生能够掌握最前沿的媒介知识，形成正确的媒介观念。

（1）紧跟媒介发展动态。媒介技术日新月异，媒介环境也在不断变化。因此，教材应紧跟媒介发展的最新动态和趋势，及时更新媒介技术、媒介环境等方面的内容。例如，随着移动互联网的普及和社交媒体的兴起，教材应增加关于移动互联网和社交媒体的知识，包括它们的特点、功能、影响以及使用方法等。同时，教材还应关注媒介环境中的新问题和新挑战，如信息过载、网络谣言、隐私保护等，引导学生正确应对这些问题。

（2）注重理论与实践结合。教材应注重理论与实践的结合，通过案例分析、实践操作等方式，帮助学生将理论知识转化为实际技能。例如，教材可以设计一些媒介制作任务，如新闻写作、视频剪辑、图片处理等，让学生在实践中学习媒介技能；还可以提供一些媒介分析案例，引导学生分析媒介文本的传播效果、受众反应等，培养他们的批判性思维和媒介分析能力。

（3）确保教材的科学性与可读性。在选用教材时，学校应仔细审查教材的内容和质量，确保其符合科学性和准确性的要求。同时，教材还应具有良好的可读性和趣味性，通过生动有趣的语言和形式，激发学生的学习兴趣和积极性。例如，教材可以采用图文并茂的方式呈现知识点，增加插图、图表、案例等元素；还可以设计一些互动环节，如问题讨论、小组活动等，引导学生积极参与学习。

（二）教学方法与手段创新

1.采用多样化的教学方法

媒介素养教育作为培养学生信息时代必备能力的关键环节，其教学方法的创新对于提升教学效果、激发学生学习兴趣至关重要。多样化的教学方法不仅能够满足不同学生的学习需求和兴趣，还能促进理论与实践的深度融合，培养学生的批判性思维和创新能力。以下是几种值得推广的多样化教学方法：

（1）启发式教学。启发式教学强调以学生为中心，通过问题引导、情景模拟等方式，激发学生的好奇心和求知欲，促使他们主动探索媒介现象背后的原因和规律。在媒介素养课堂上，教师可以设计一系列开放性问题，如"为什么这条新闻会成为热点？""这个广告是如何影响我们的消费决策的？"等，鼓励学生独立思考、小组讨论，甚至进行小型研究项目。这种教学方式能够培养学生的批判性思维和问题解决能力，使他们在探索过程中逐渐构建起对媒介的全面认知。

为了进一步增强启发式教学的效果，教师还可以利用多媒体技术展示相关案例，如新闻报道的幕后制作过程、广告策划的创意构思等，让学生直观感受媒介工作的实际运作，从而加深对媒介理论知识的理解。同时，通过组织辩论会、模拟新闻发布会等活动，学生可以亲身体验媒介传播的角色和责任，提升他们的媒介参与能力和社会责任感。

（2）案例教学。案例教学是通过分析具体媒介事件或产品，帮助学生理解媒介理论、掌握媒介分析技巧的有效方法。在媒介素养教育中，教师应精心挑选具有代表性的案例，如经典新闻报道、热门社交媒体事件、成功或失败的广告案例等，引导学生从多个角度进行分析，包括内容、形式、受众、效果等。通过案例讨论，学生可以学习到媒介信息识别、评估和传播的实际操作，同时培养他们的同理心和跨文化交流能力。

案例教学的关键在于引导学生深入思考，而非仅仅停留在表面现象。教师可以通过设置引导性问题，如"这个新闻报道的立场是什么？""这个广告是如何利用情感诉求来影响观众的？"等，鼓励学生深入挖掘案例背后的深层含义和媒介策略。此外，鼓励学生自己寻找并分析案例，不仅可以增强他们的自主学习能力，还能促进课堂内外的知识融合。

（3）项目式教学。项目式教学是一种以学生为中心、以项目为载体的教学模式，旨在通过实际项目的策划、实施和评估，提升学生的媒介制作和传播能力。在媒介素养教育中，教师可以根据学生的兴趣和专长，设计一系列与媒介相关的项目，如制作一部微电影、策划一次社交媒体营销活动、编写一份新闻报道等。通过这些项目，学生不仅能够将理论知识应用于实践，还能在实践中发现问题、解决问题，从而加深对媒介素养的理解。

项目式教学的成功实施需要教师的精心指导和学生的积极参与。教师应为学生提供必要的资源和支持，如媒介制作工具、行业专家讲座、实地考察机会等，同时设定明确的项目目标和评估标准，确保项目的高效推进和成果的高质量产出。学生则应被鼓励以团队合作的形式完成项目，这不仅能培养他们的团队协作能力和领导力，还能促进不同背景和技能的学生之间的互补学习。

2.利用现代信息技术手段

随着信息技术的飞速发展，媒介素养教育也应与时俱进，充分利用现代信息技术手段，构建线上线下相结合的教学模式，以提升教学效果和学习效率。以下是几种现代信息技术在媒介素养教育中的应用策略。

（1）在线平台与资源。互联网为媒介素养教育提供了海量的在线资源和平台，如慕课（大型开放在线课程）、在线讲座、专业论坛、媒介数据库等。教师应积极引导学生利用这些资源，拓宽学习渠道，丰富学习内容。例如，推荐优质的媒介素养在线课程，鼓励学生自主学习并分享学习心得；利用媒介数据库进行案例研究，提升学生的媒介分析能力；参与在线论坛讨论，拓宽视野，增进与同行之间的交流。

同时，教师还可以利用在线平台进行翻转课堂的教学尝试，将传统课堂上的讲授环节通过视频等形式提前发布到线上，让学生在课前自主学习，课堂上则更多地进行讨论、实践和问题解决，从而提高课堂效率和互动性。

（2）线上线下融合。线上线下相结合的教学模式能够充分发挥线上资源的便捷性和线下教学的互动性，为学生提供更加灵活、高效的学习体验。在媒介素养教育中，教师可以通过线上平台发布学习任务、提供学习资源、进行在线辅导，学生通过线上学习掌握基础知识；线下课堂则侧重于实践操作、小组讨论、项目汇报等，加深学生对知识的理解和应用。

例如，教师可以设计一个关于社交媒体营销策略的项目，线上提供相关的理论讲解和案例分析，线下则组织学生进行小组讨论、策划方案、实施并评估效果。这种教学模式不仅能够提升学生的媒介实践能力，还能培养他们的团队协作和项目管理能力。

（3）大数据与人工智能。通过收集和分析学生的学习数据，如学习进度、作业完成情况、在线测试成绩等，教师可以更加准确地了解学生的学习状况和需求，从而制定个性化的教学计划和学习路径。同时，利用人工智能技术，教师可以对学生的学习成果进行自动评估，提供即时反馈，帮助学生及时调整学习策略。

（三）课程效果评估与反馈

1.建立课程效果评估机制

在媒介素养教育中，课程效果评估是检验教学成果、提升教学质量的关键环节。为了全面、客观地评估课程效果，必须建立一套科学、合理的评估机制，确保评估结果的准确性和有效性。

（1）明确评估目标与标准。明确课程效果评估的目标，即评估是为了了解学生的学习成效、教师的教学质量以及课程设计的合理性。基于这些目标，制定具体的评估标准至关重要。评估标准应涵盖媒介素养的核心能力，如信息识别、批判性思维、媒介制作与传播能力等，同时考虑学生的情感态度、价值观以及社会实践能力。这些标准不仅要有量化指标，如测试成绩、作业完成率等，还应包括质性评价，如学生的作品展示、课堂参与度等，以确保评估的全面性。

（2）多元化评估方法与工具。除了传统的笔试和作业外，还应引入项目评估、口头报告、同伴评价、自我反思等多种评估方法。项目评估可以考查学生的综合应用能力，如通过策划一次校园新闻报道或社交媒体营销活动，评价学生的媒介制作与传播能力；口头报告和同伴评价则能锻炼学生的表达能力和团队协作能力；自我反思则有助于学生认识自己的学习状况，促进自主学习能力的提升。同时，利用现代信息技术，如在线测试平台、学习管理系统等，可以实现评估的即时性和便捷性，提高评估效率。

（3）建立反馈与改进机制。评估不是目的，而是改进的开始。评估结果应及时反馈给教师和学生，让他们了解自己的学习或教学状况，明确改进方向。同时，应设立专门的课程改进小组，负责根据评估结果调整课程设置、更新教材内容、改进教学方法等。此外，还可以建立学生教学信息员制度，让学生直接参与课程改进的决策过程，增强他们的参与感和归属感。通过定期的评估、反馈与改进循环，可以确保媒介素养教育课程始终保持与时俱进，满足学生和社会的发展需求。

2.加强课程效果反馈与改进

课程效果反馈与改进是媒介素养教育持续改进和优化的关键环节。为了有效推动课程的持续优化，需要从以下方面加强工作。

建立高效、畅通的反馈渠道，确保评估结果和建议能够及时、准确地传递给相关教学和管理部门。这可以通过设立专门的反馈邮箱、在线反馈平台、定期召开的师生座谈会等方式实现。同时，应鼓励教师和学生主动反馈课程实施中的问题和建议，形成积极的反馈文化。

基于评估结果和反馈意见，应制定具体的改进措施，并明确责任人和实施时间表。改进措施可以包括调整课程结构、更新教学内容、引入新的教学方法和技术、加强实践教学环节等。在制定改进措施时，应充分考虑学生的实际需求和社会的发展趋势，确保改进措施的科学性和前瞻性。

课程效果反馈与改进是一个持续的过程，需要教师和学生具备持续改进的意识和能力。因此，应加强对教师和学生的培训，提升他们的评估素养和改进能力。教师可以通过参加专业培训、研讨会等方式，学习先进的评估理念和方法；学生则可以通过参与课程改进项目、撰写学习反思等方式，培养自我评估和改进的能力。同时，应建立激励机制，对在课程改进中表现突出的教师和学生给予表彰和奖励，激发他们的积极性和创造力。

为了确保课程效果反馈与改进的持续性，需要建立长效的评估与改进机制。这包括定期的评估周期、明确的评估流程、规范的反馈与改进程序等。同时，应加强与外部机构的合作与交流，借鉴先进的评估理念和方法，不断提升课程效果评估与改进的科学性和有效性。通过长效机制的建立，可以形成课程持续改进的良性循环，推动媒介素养教育的不断优化和发展。

第四节　监督机制保障

在思政教育与新媒体深度融合的背景下，建立健全的监督机制显得尤为重要。这不仅能够确保思政教育的正确方向，还能够有效防范新媒体应用中的风险。

一、建立思政教育监督机制

在新时代背景下，思政教育作为培养社会主义建设者和接班人的重要途径，其重要性和紧迫性日益凸显。为了确保思政教育的有效实施，必须建立一套科学、完善的监督机制。

（一）监督机构设置与职责

1.设立专门监督机构

在高等教育体系中，思政教育作为培养学生思想政治素质、价值观和社会责任感的重要环节，其质量和效果直接关系到国家未来人才的培养和社会的进步。为了确保思政教育的有效实施与持续改进，设立一个专门、独立且具有权威性的监督机构显得尤为重要。

（1）明确机构定位与隶属关系。监督机构应被明确界定为学校内部的一个独立部门，直接隶属于学校党委，以确保其能够超脱于日常教学和管理事务之外，独立、客观地履行监督职责。这种设置不仅赋予了监督机构以高度的独立性，还通过党委的直接领导，增强了其在学校内部的权威性和执行力。

（2）构建多元化监督主体结构。监督机构的成员构成应体现多元化原则，既要包括具有深厚思政教育理论功底和实践经验的专家，也要吸纳来自教学一线的教师代表，以及能够直接反映学生声音的学生代表。此外，还应邀请学校相关部门负责人参与，以确保监督工作的全面性和协调性。这种多元化的监督主体结构，有助于在监督过程中充分吸纳各方意见，提高监督的公正性和有效性。

（3）确立监督机构的职责与权限。监督机构应被赋予明确的职责和相应的权限，以确保其能够有效地开展工作。这包括但不限于：对思政教育相关规章制度的制定和执行情况进行监督；对思政课程的教学质量进行定期检查和评估；对思政教育效果进行综合评价，并提出改进建议；以及收集和处理学生对思政教育的意见和建议，促进学生与学校之间的沟通与交流。同时，监督机构还应有权对违反思政教育规定的行为进行调查和处理，以维护思政教育的严肃性和权威性。

2.明确监督机构职责

监督机构作为思政教育质量的守护者，其职责的明确与履行是确保思政教育工作有序开展和持续改进的关键。

（1）制定并监督执行思政教育规章制度。监督机构应参与制定思政教育相关的规章制度，确保其符合国家政策导向和学校实际情况；对规章制度的执行情况进行严格监督，确保各项制度得到有效落实，为思政教育的规范化、制度化提供有力保障。

（2）定期检查与评估思政课程教学质量。监督机构应定期对思政课程的教学质量进行检查和评估，包括教学内容的科学性、教学方法的创新性、教学效果的实效性等方面。通过评估，及时发现教学中存在的问题和不足，为教师改进教学提供有针对性的指导。

（3）评估思政教育效果并收集反馈。监督机构应通过问卷调查、座谈会等多种形式，广泛收集学生对思政教育的意见和建议，对思政教育效果进行客观评估。评估结果应作为改进思政教育的重要依据，帮助学校和教育工作者了解思政教育的实际成效，明确改进方向。

3.加强监督机构自身建设

监督机构要有效履行其职责，必须不断加强自身建设，提升监督能力和水平。

（1）加强成员培训与学习。监督机构应定期组织成员参加思政教育理论、监督方法与技术等方面的培训和学习，提高其专业素养和监督实践能力。通过不断学习，使监督机构成员能够紧跟思政教育的发展趋势，更好地适应监督工作的需要。

（2）建立健全内部管理制度。监督机构应建立健全内部管理制度，明确工作流程、责任分工和决策机制，确保监督工作的高效运转；加强内部监督，维护监督机构的公信力和权威性。

（3）加强对外交流与合作。监督机构应保持与校内外相关机构的密切联系与合作，积极参与思政教育领域的学术交流与研讨活动。通过借鉴先进经验和做法，不断提升监督工作的科学性和有效性，为思政教育的持续改进和优化提供有力支持。

4.强化监督结果的运用

监督结果的运用是监督工作的落脚点，也是推动思政教育持续改进和优化的关键。

（1）及时反馈与督促整改。监督机构应将监督结果及时反馈给相关部门和教师，明确指出存在的问题和不足，并提出具体的整改建议和要求；督促相关部门和教师针对问题进行整改和提升，确保监督工作的实效性。

（2）作为考核与评价的重要依据。学校应将监督结果与教师的职称晋升、薪酬待遇等挂钩，激励教师积极参与思政教育改革和创新，提高思政教育的质量和效果。

（3）促进思政教育创新与发展。学校应根据监督结果反映出的问题和趋势，及时调整思政教育的教学策略和方法，引入新的教学理念和技术手段，为思政教育注入新的活力和动力。同时，监督机构也应积极关注思政教育领域的新动态和新趋势，为学校的思政教育改革和发展提供有力的支持和指导。

（二）监督制度制定与完善

1.制定思政教育质量评估标准

在构建科学而完善的思政教育监督制度体系中，制定一套全面、客观、准确的质量评估标准是首要任务。这套标准不仅是对思政教育质量进行衡量的标尺，更是监督工作开展的重要依据。

（1）明确评估目标，体现思政教育特色。思政教育质量评估标准的制定，应首先明确评估的目标，即通过对思政教育的全面评估，促进教育质量的提升，培养学生的思想政治素质、道德素养和社会责任感。在设定评估目标时，应充分考虑思政教育的政治性、思想性、实效性和创新性等特点，确保评估标准能够全面反映思政教育的核心价值和追求。

（2）构建多维度评估指标体系。评估标准应涵盖思政教育的各个方面，包括教育目标、教育内容、教育方法、教育效果等。在教育目标方面，应关注思政教育是否明确、具体，是否符合国家和社会的发展需求；在教育内容方面，应考察思政教育内容的科学性、时代性和针对性；在教育方法方面，应评估教学方法的创新性、有效性和互动性；在教育效果方面，则应关注思政教育对学生思想政治素质、道德素养和社会责任感的培养效果。通过构建多维度评估指标体系，确保评估的全面性和准确性。

（3）确保评估标准的可操作性和可衡量性。评估标准应具有可操作性和可衡量性，以便在实际监督工作中能够得到有效应用。这要求评估标准应尽可能具体、明确，避免模糊和歧义，还应制定相应的评估方法和工具，如问卷调查、访谈、观察等，以便对思政教育质量进行客观、准确的测量和评估。

2.建立教学检查与反馈机制

教学检查与反馈机制是监督思政教育质量的重要手段，对于及时发现和解决思政教学中存在的问题具有重要意义。

（1）定期组织教学检查活动。监督机构应定期组织教学检查活动，对思政课程的教学计划、教案、课堂实施情况等进行全面检查。检查内容应包括教师的教学态度、教学内容的科学性、教学方法的合理性以及学生的学习状态等。通过教学检查，可以及时发现思政教学中存在的问题和不足，为后续的整改和提升提供有力依据。

（2）建立有效的反馈机制。监督机构应将检查中发现的问题及时反馈给相关教师和教学管理部门，明确指出问题所在，并提出具体的整改建议和要求。同时，还应督促相关教师和教学管理部门进行整改，确保问题得到及时解决。通过有效的反馈机制，可以形成闭环管理，确保教学质量的稳步提升。

（3）强化教学检查与反馈的实效性。为了确保教学检查与反馈的实效性，监督机构应加强对整改情况的跟踪和复查。对于整改不到位的教师和教学管理部门，应进行再次检查和督促，直至问题得到彻底解决。同时，还应将教学检查与反馈的结果作为教师教学评价和职称晋升的重要依据，激励教师积极参与思政教学改革和创新，提高教学质量。

3.明确学生参与监督的途径与方式

学生作为思政教育的主体和受益者，他们的意见和建议对于改进和优化思政教育具有重要价值。因此，明确学生参与监督的途径和方式，增强监督的广泛性，是构建科学而完善的监督制度体系的重要一环。

（1）设立多样化的监督渠道。监督机构应设立多样化的监督渠道，如意见箱、热线电话、电子邮箱、座谈会等，为学生提供便捷的监督途径。这些渠道应公开、透明，确保学生能够随时、随地反映问题和提出建议。同时，监督机构还应加强对这些渠道的宣传和推广，提高学生的知晓率和参与度。

（2）鼓励学生积极参与监督工作。除了设立多样化的监督渠道外，监督机构还应积极鼓励学生参与监督工作。可以通过举办监督知识讲座、开展监督技能培训等方式，提高学生的监督能力和水平。对于积极参与监督工作并提出有价值意见的学生，应给予表彰和奖励。

（3）认真处理学生的意见和建议。监督机构应认真处理学生通过监督渠道反映的问题，及时采纳合理、可行的意见，深入研究需要论证的意见，对于不符合实际情况或无法实施的意见，也应给予合理的解释。

4.确保制度的科学性与可行性

随着思政教育实践的不断深入和发展，监督制度也需要不断修订和完善。这是确保制度科学性与可行性的必然要求。

监督机构应密切关注思政教育领域的新情况、新问题和新挑战，及时了解和掌握思政教育的最新动态和发展趋势。这要求监督机构具有较强的敏锐性和前瞻性，能够及时发现和捕捉思政教育中的新变化和新需求，为修订和完善监督制度提供有力依据。

在修订和完善监督制度的过程中，应充分征求学生和相关部门的意见和建议。这可以通过召开座谈会、发放问卷调查、组织专家论证等方式进行。通过广泛征求意见和建议，可以确保修订后的监督制度更加符合实际情况和学生需求，提高制度的科学性和可行性。

为了确保监督制度的长期有效性和适应性，应定期对监督工作的实际效果进行评估、对制度执行过程中出现的问题进行分析等方式进行。通过评估和调整，可以及时发现和纠正制度中存在的不足和缺陷，确保制度始终保持与时俱进的状态。

二、加强对新媒体应用的监管

随着信息技术的飞速发展，新媒体已经成为思政教育的重要阵地。然而，新媒体的广泛应用在为思政教育带来新机遇的同时，也伴随着一系列风险和挑战。为了确保思政教育的健康有序发展，必须加强对新媒体应用的监管。

（一）新媒体应用风险评估

1.信息安全风险评估

在新媒体时代，信息传播的速度和广度达到了前所未有的水平，新媒体平台已成为人们获取信息、交流思想的重要渠道。然而，随着新媒体应用的日益广泛，信息安全问题也日益凸显。对于思政教育而言，新媒体平台的信息安全不仅关乎学生的个人隐私和信息安全，更直接影响到思政教育的正常开展和效果。因此，对新媒体应用进行全面的信息安全风险评估，是构筑新媒体应用安全防线的关键步骤。

（1）数据泄漏风险。由于新媒体平台涉及大量的用户数据，包括个人信息、交流记录、浏览历史等，这些数据一旦泄露，将对用户的隐私造成极大威胁。在思政教育环境中，数据泄露可能导致学生个人信息的外泄，进而影响到他们的日常生活和工作。因此，必须加强对新媒体平台数据安全的保护，通过加密技术、访问控制等手段，确保数据在存储、传输和处理过程中的安全性。同时，还应定期对数据进行备份和恢复测试，以应对可能的数据丢失或损坏情况。

（2）网络攻击风险及其应对。新媒体平台由于其开放性和互动性，往往成为网络攻击的目标。黑客可能利用漏洞对平台进行攻击，导致系统瘫痪、数据篡改或窃取等严重后果。在思政教育环境中，网络攻击可能干扰到正常的教学秩序，甚至破坏思政教育的传播效果。因此，必须加强对新媒体平台的网络安全防护，定期进行安全漏洞扫描和修复，安装防火墙和入侵检测系统，及时发现并阻止网络攻击。同时，还应加强对学生的网络安全教育，提高他们的网络安全意识和防范能力。

（3）恶意软件传播风险及其控制。恶意软件可能通过新媒体平台上的链接、附件等方式进行传播，一旦用户点击或下载，就可能导致系统感染、数据丢失或泄露等后果。在思政教育环境中，恶意软件的传播可能影响到学生的正常使用体验，甚至威胁到他们的信息安全。因此，必须加强对新媒体平台上恶意软件的监测和防范，通过安装杀毒软件、定期更新系统补丁等方式，确保平台的清洁和安全。同时，还应教育学生养成良好的上网习惯，不随意点击不明链接或下载未知来源的文件。

2.内容质量风险评估

新媒体平台上的内容纷繁复杂，质量参差不齐。在思政教育环境中，新媒体应用的内容质量直接影响到学生的思想观念和价值取向。因此，对新媒体应用的内容质量进行风险评估，是确保新媒体应用正面教育效果的关键环节。

（1）内容真实性评估。在新媒体平台上，虚假信息的传播往往具有极强的误导性，可能导致学生对事实的认知产生偏差。因此，必须对新媒体应用上的内容进行真实性评估，确保所发布的信息准确无误。这可以通过建立信息审核机制、加强对信息来源的审查等方式来实现。同时，还应教育学生具备辨别虚假信息的能力，提高他们的信息素养。

（2）内容准确性评估。在新媒体平台上，信息的准确性直接关系到学生对知识的获取和理解。因此，必须对新媒体应用上的内容进行准确性评估，确保所发布的信息符合科学原理、事实真相和法律法规。这可以通过建立专家审核团队、加强对信息内容的审核和校对等方式来实现。同时，还应鼓励学生对新媒体内容进行监督和反馈，及时发现并纠正错误的信息。

（3）内容合法性评估。在新媒体平台上，违法信息的传播不仅违反法律法规，还可能对学生的思想观念产生负面影响。因此，必须对新媒体应用上的内容进行合法性评估，确保所发布的信息不违反国家法律法规、社会公德和道德规范。这可以通过建立法律审核机制、加强对信息内容的法律审查等方式来实现。同时，还应加强对学生的法制教育，提高他们的法律意识和守法能力。

（4）内容教育性评估。新媒体应用作为思政教育的重要载体，其内容必须具有一定的教育性，能够引导学生树立正确的世界观、人生观和价值观。因此，必须对新媒体应用上的内容进行教育性评估，确保所发布的信息符合思政教育的目标和要求。这可以通过建立教育内容审核机制、加强对信息内容的教育价值评估等方式来实现。同时，还应鼓励学生积极参与新媒体内容的创作和传播，共同营造积极向上的思政教育氛围。

3.意识形态风险评估

新媒体作为意识形态斗争的重要阵地，其意识形态风险不容忽视。在思政教育环境中，新媒体应用的意识形态风险直接关系到国家的政治安全和意识形态安全。因此，对新媒体应用的意识形态风险进行评估，是维护新媒体应用政治安全的重要举措。

（1）识别潜在意识形态威胁。对新媒体应用上的内容进行深入分析，识别出潜在的意识形态威胁。这包括对敌对势力渗透活动的监测、对反华言论的识别等。通过建立完善的监测机制，可以及时发现并处理这些潜在的意识形态威胁，防止其进一步扩散和影响。

（2）加强舆论引导和管控。面对新媒体平台上的复杂舆论环境，必须加强舆论引导和管控，包括通过官方渠道发布权威信息、引导公众理性讨论、及时处理不实言论和谣言等。通过加强舆论引导和管控，可以确保新媒体平台上的舆论朝着正确的方向发展，维护国家的政治安全和意识形态安全。

（3）提升学生意识形态防范意识。学生作为新媒体应用的主要使用者，他们的意识形态防范意识直接关系到新媒体应用的意识形态安全。因此，必须加强对学生的意识形态教育，提升他们的防范意识。这包括通过课堂教学、专题讲座、实践活动等方式，向学生普及意识形态安全知识，提高他们的辨识能力和防范能力。

（4）建立意识形态风险应急机制。为了应对可能发生的意识形态风险事件，必须建立完善的应急机制。这包括制定应急预案、明确应急流程、组建应急队伍等。通过建立完善的应急机制，可以在意识形态风险事件发生时迅速响应、有效处置，最大限度地减少损失和影响。同时，还应定期对应急机制进行演练和评估，确保其有效性和可行性。

（二）监管措施与手段

1.加强技术监管

在新媒体应用日益广泛的当下，技术监管已成为加强对新媒体应用监管不可或缺的重要手段。通过运用先进的信息技术手段，我们可以实现对新媒体应用的实时监控和数据分析，从而及时发现并处理异常情况，确保新媒体平台的健康、有序发展。

（1）建立新媒体应用监控系统。为了实现对新媒体应用的全面监控，我们需要建立一套完善的新媒体应用监控系统。该系统应能够实时监测平台上的信息流动，包括文本、图片、视频等多种形式的内容。通过先进的算法和数据分析技术，系统可以自动识别并过滤出不良信息，如虚假广告等，确保这些信息在第一时间被删除或屏蔽，避免对学生造成不良影响。

同时，监控系统还应具备智能预警功能。当系统检测到异常信息或用户行为时，能够自动触发预警机制，及时通知相关管理人员进行处理。这样不仅可以提高处理效率，还能有效防止不良信息的扩散和传播。

（2）利用大数据分析优化监管策略。通过对新媒体应用的使用情况进行深入分析，我们可以了解用户的行为习惯、偏好以及潜在需求，从而为制定更有效的监管措施提供科学依据。例如，通过分析用户在不同时间段、不同场景下的使用行为，我们可以找出高峰时段和热门内容，进而调整内容审核的重点和频率。同时，大数据分析还可以帮助我们发现潜在的违规行为和用户群体，为精准打击违规行为提供有力支持。

此外，大数据分析还可以用于评估监管措施的效果。通过对比实施前后新媒体平台的变化情况，我们可以客观评价监管措施的有效性，并根据评估结果及时调整和优化监管策略。

（3）强化技术防护，提升安全性能。新媒体平台应采用先进的加密技术、防火墙等安全措施，加强对系统漏洞的排查和修复工作，防止黑客利用漏洞进行攻击和破坏。

为了应对可能出现的突发事件和紧急情况，新媒体平台还应建立完善的应急响应机制。通过制定详细的应急预案、组织应急演练等方式，提高平台应对突发事件的能力和水平。

2.完善内容审核机制

面对海量、复杂的信息内容，新媒体平台必须建立完善的内容审核机制，对平台上发布的内容进行严格审核把关。

（1）建立专业的审核团队。这支团队应具备丰富的知识储备和敏锐的洞察力，能够准确识别并处理不良信息。同时，团队成员还应接受定期的培训和考核，以确保他们的审核能力和水平始终保持在行业前列。

（2）制定明确的审核标准和流程。为了确保内容审核的规范化和标准化，我们需要制定明确的审核标准和流程。这些标准和流程应涵盖不同类型的信息内容，包括文本、图片、视频等，并明确哪些内容是可以发布的，哪些内容是禁止或限制发布的。同时，我们还应建立审核结果的反馈机制，对审核过程中出现的问题进行及时纠正和改进。

（3）加强审核技术的研发和应用。借助自然语言处理、图像识别等技术来提高内容审核的效率，减轻审核人员的工作负担。

（4）建立内容审核的激励机制和约束机制。对于表现优秀的审核人员给予一定的奖励和表彰，对于违反审核规定或工作不力的审核人员进行相应的处罚。通过这些措施激发审核人员的工作积极性和责任心，确保内容审核工作的质量和效果。

3.建立学生举报机制

学生作为新媒体应用的主要使用者和受益者，他们的参与和监督对于加强新媒体应用的监管至关重要。因此，我们需要建立学生举报机制，鼓励学生积极参与新媒体应用的监管工作。

（1）设立多样化的举报渠道。设立多样化的举报渠道便于学生进行举报或投诉，包括举报电话、邮箱、在线举报平台等。

（2）建立高效的举报处理机制。建立一套高效的举报处理机制，对接收到的举报信息进行及时登记、分类和转办，使每一个举报都能得到及时有效的处理。同时，加强对举报处理过程的监督和跟踪，使处理结果合法合规。

（3）保护举报人的隐私和安全。对举报人的信息进行严格保密，避免泄露给无关人员；对举报人进行必要的心理辅导和支持，帮助他们缓解压力和焦虑；对恶意报复举报人的行为进行严厉打击和惩处。

（4）建立举报奖励制度。对于积极举报违规行为的学生，给予一定的物质奖励或精神表彰。这些奖励不仅可以鼓励更多的学生参与举报工作，还能提高他们对新媒体应用监管的认同感和归属感。

（三）监管效果评估与改进

1.定期评估监管效果

在新媒体应用监管的实践中，定期评估监管效果是确保监管措施有效性、提升监管水平的关键环节。这一评估工作不仅关乎监管目标的达成与否，更涉及学生满意度、社会反响等多个层面，是对监管工作全面、深入的审视和检验。

构建一个多维度的评估体系用以全面、准确地评估监管效果。这个体系应涵盖以下方面：监管目标的完成情况，如不良信息的减少、用户合规行为的提升等；学生满意度的调查结果，通过问卷调查、访谈等方式收集学生对监管工作的反馈和意见；社会反响，包括媒体报道、公众舆论等对监管工作的评价和看法。这些维度共同构成了评估监管效果的立体框架，确保评估结果的全面性和准确性。

评估指标应具体、可量化，能够真实反映监管工作的实际效果。例如，设定"不良信息删除率""用户违规行为举报率""监管措施执行效率"等指标，通过对这些指标的分析和比较，可以直观地了解监管工作的成效和不足。同时，指标的设置还应考虑动态调整，随着新媒体应用的发展和监管工作的深入，不断优化和完善评估指标体系。

评估工作不应是一次性的，而应形成定期评估的机制，如每季度、每半年或每年进行一次全面评估，及时发现监管工作中存在的问题和不足，为改进和优化监管措施提供有力依据。评估结果应及时反馈给相关部门和人员，确保他们了解评估情况，并根据评估结果进行针对性的改进和提升。这种定期评估与反馈的机制，有助于形成监管工作的良性循环，不断提升监管水平。

2.总结经验教训，改进监管措施

在定期评估监管效果的基础上，及时总结经验教训，对存在问题的监管措施进行改进和优化。这是提升监管水平、确保监管效果持续向好的重要途径。

（1）深入剖析问题根源。深入剖析技术监管中的漏洞和不足、内容审核机制中的缺陷、学生举报机制中的不畅等，准确地把握问题的本质，为制定有效的改进措施提供有力支持。

（2）制定针对性改进措施。对于技术监管中的漏洞，可以加强技术研发和升级，提高监控系统的准确性和效率；对于内容审核机制中的缺陷，可以完善审核标准和流程，加强审核人员的培训和管理；对于学生举报机制中的不畅，可以拓宽举报渠道，提高举报处理的及时性和有效性。这些改进措施应具体、可操作，能够切实解决问题。

（3）持续跟踪与效果评估。改进措施的实施并不意味着问题的完全解决，还需要对改进措施的实施情况进行持续跟踪和效果评估。通过设定评估指标和评估周期，对改进措施的实施效果进行定期评估，确保改进措施的有效性。同时，对于评估中发现的新问题或不足，应及时进行调整和优化，形成持续改进的良性循环。

3.保持与新媒体行业的紧密联系

新媒体行业是一个快速发展的领域，其技术和市场动态不断变化。高校必须保持与新媒体行业的紧密联系，与时俱进地调整和优化监管策略。

（1）关注行业动态与技术趋势，包括新媒体应用的新功能、新特点以及用户行为的变化等。通过及时了解这些信息，我们可以更好地把握新媒体应用的发展规律，为制定有效的监管措施提供科学依据。同时，我们还可以借鉴其他行业的监管经验和方法，不断完善新媒体应用的监管体系。

（2）加强与新媒体企业的合作与交流。新媒体企业是新媒体应用的主要提供者和运营者，他们对新媒体应用有着深入的了解和丰富的经验。通过与新媒体企业的合作与交流，我们可以共同探索新媒体应用的监管模式和方法，共同推动新媒体应用的健康发展。这种合作与交流可以包括定期召开研讨会、共同开展研究项目、分享监管经验等多种形式。

（3）积极参与行业规范与标准制定。行业规范和标准是新媒体应用健康发展的重要保障。通过参与规范和标准的制定，我们可以将监管要求融入其中，确保新媒体应用的发展符合社会公德和法律法规的要求。

第四章　新媒体时代高校思政教育创新的策略

第一节　思政教育的资源整合

随着时代的进步和教育理念的革新，思政教育在培养全面发展的人才中扮演着越来越重要的角色。为了提升思政教育的质量和效果，资源整合成为一项关键任务。通过有效地整合线上线下的教育资源以及实现校内外资源的共享，可以极大地丰富思政教育的内容和形式，从而更好地满足学生的学习需求，促进他们的全面发展。

一、线上线下资源的整合

在互联网技术飞速发展的今天，线上线下资源的整合已成为提升思政教育效果的关键路径。线上资源的丰富性、便捷性与线下资源的深度、实践性相辅相成，共同构成了思政教育的多元化资源体系。

（一）线上资源搜集与筛选

1.建立科学的评价体系

在信息爆炸的时代，线上资源的准确性、权威性、时效性、教育性及互动性却参差不齐，给思政教育工作者和学习者带来了极大的挑战。因此，建立一套科学的评价体系，对线上资源进行严格筛选和评估，是确保资源质量、提升教育效果的关键所在。

（1）内容准确性。在信息的传播过程中，错误或误导性的内容往往会对学习者的认知产生负面影响，甚至可能导致误解和偏见的产生。因此，我们必须对线上资源的内容进行仔细核查，确保其准确无误。这包括对事实性信息的核实、对理论观点的审慎判断，以及对数据、图表等辅助材料的严格把关。只有确保内容的准确性，我们才能为学习者提供坚实的知识基石。

（2）权威性。在信息泛滥的网络环境中，资源的来源往往决定了其可信度和价值。因此，我们应优先选择那些来自官方或权威机构的资源，如政府部门、知名高校、研究机构等。这些机构通常具有更高的专业性和公信力，其发布的资源往往经过严格的审核和把关，因此更具权威性。通过选择权威性的资源，我们可以增强学习者对资源的信任感，从而提升其学习效果。

（3）时效性。随着社会的快速发展和科技的日新月异，许多知识和信息都在不断更新和迭代。因此，我们在选择线上资源时，必须注重其时效性，确保资源能够紧跟时代步伐，反映最新的动态和趋势。这包括对政策文件、理论文章等时效性较强的资源进行及时更新，以及对视频讲座、在线课程等教育资源进行定期更新和优化。通过选择时效性的资源，我们可以为学习者提供最新、最全面的知识信息。

（4）教育性。思政教育的目的在于培养学习者的思想道德素质、政治觉悟和文化素养，因此线上资源必须具备强烈的教育性。这要求资源不仅能够传授知识，还能够引导学习者树立正确的价值观、人生观和世界观。同时，资源还应具有一定的启示意义，能够激发学习者的思考和探讨，促进其综合素质的提升。通过选择教育性的资源，我们可以为学习者提供富有深度和广度的教育体验。

（5）互动性。随着网络技术的发展，线上资源不再仅仅是单向传播的信息载体,而是逐渐成为学习者交流互动的平台。因此,我们在选择线上资源时,应注重其互动性,鼓励学习者积极参与其中,与资源提供者和其他学习者进行交流和讨论。这不仅可以增强学习者的参与感和归属感,还能够促进其思维碰撞和灵感激发。通过选择互动性的资源,我们可以为学习者提供更加丰富、多元的学习体验。

2.广泛搜集优质资源

在建立了科学的评价体系之后,下一步就是广泛搜集与思政教育相关的优质资源。这需要我们充分利用各种工具和平台,多渠道并进,以汇聚更多的精华资源。

(1)利用专业搜索引擎。通过输入关键词或主题,我们可以快速定位到与思政教育相关的资源。然而,由于搜索引擎的结果往往庞大而复杂,我们需要学会使用高级搜索技巧,如使用引号精确匹配、使用减号排除不相关结果等,以快速筛选出符合我们需求的优质资源。

(2)挖掘学术数据库。这些数据库通常包含了大量的学术论文、期刊文章、会议论文等学术资源,具有极高的学术价值和研究深度。通过挖掘学术数据库,我们可以找到与思政教育相关的理论观点、研究方法等,为思政教育提供坚实的学术支撑。

(3)关注在线教育平台。这些平台提供了丰富多样的在线课程、视频讲座、教学案例等资源,形式灵活多样,便于学习者根据自己的需求进行选择。通过关注在线教育平台,我们可以轻松获取到与思政教育相关的优质教育资源,为思政教育注入新的活力和动力。

(4)利用社交媒体和在线社群。通过这些平台,我们可以发现许多由学生自发分享的高质量资源,如教学心得、学习笔记、案例分析等。这些资源往往具有贴近实际、易于理解的特点,能够很好地辅助思政教育。同时,我们还可以利用这些平台与学生进行互动交流,汇聚众智,共同提升思政教育的质量和效果。

3.鼓励学生共同参与资源搜集

学生是思政教育的主体，他们的参与对于资源的搜集和筛选具有不可替代的作用。因此，我们应鼓励学生共同参与资源的搜集工作，形成众包模式，汇聚更多的力量和资源。

（1）设立资源提交平台。设立专门的资源提交平台，其具有简洁明了的界面、便捷高效的提交流程以及完善的反馈机制。通过这个平台，学生可以轻松地将自己发现的优质资源提交上来，与其他人共享。同时，我们还可以对提交资源的学生给予一定的奖励和认可，以激发他们的参与热情。

（2）举办资源分享会。定期举办资源分享会，邀请学生上台分享自己发现的优质资源以及使用这些资源的经验和心得，促进学生之间的互相学习和共同进步。分享会还可以成为学生展示自己才华和成果的舞台，增强他们的成就感和归属感。

（3）建立激励机制。为了激励学生持续参与资源的搜集和分享工作，我们需要建立有效的激励机制。这可以包括设立奖项、提供证书、给予物质奖励等多种方式。通过这些激励措施，我们可以激发学生的参与动力，确保他们能够持续地为思政教育贡献自己的力量和智慧。同时，激励机制还可以促进学生之间的良性竞争和合作，形成积极向上的氛围和风气。

（二）线下资源挖掘与利用

1.系统梳理现有资源

在深化思政教育的过程中，线下资源的挖掘与利用显得尤为重要。作为教育活动的物质基础，线下资源不仅承载着丰富的历史、文化和科学知识，还蕴含着深厚的教育意义和育人价值。因此，对现有的线下资源进行全面的梳理和分类，是提升思政教育质量、拓展教育空间的首要任务。

对学校、社区乃至更广泛区域内的线下资源进行全面的摸底调查。这包括教材、图书资料、实地考察点、历史遗迹等多种类型。在摸底过程中，要注重资源的多样性、代表性和教育性，确保所搜集的资源能够覆盖思政教育的各个领域和层面。

接下来，对搜集到的资源进行细致的分类。可以根据资源的性质、功能、适用对象等多个维度进行分类，如按照资源类型分为图书资料类、实地考察类、历史遗迹类等；按照功能分为知识传授类、价值引导类、能力培养类等；按照适用对象分为教师用资源、学生用资源等。通过细致的分类，可以更加清晰地了解资源的分布和特点，为后续的利用和管理提供便利。

在资源梳理和分类的基础上，我们需要建立详细的资源库目录。这个目录应该包含资源的基本信息，如名称、类型、位置、数量等；教育意义，即资源在思政教育中的价值和作用；使用指南，包括资源的获取方式、使用方法、注意事项等。通过资源库目录的建立，便于学生查询和使用资源，提高资源的利用率和教育效果。随着新资源的不断出现和旧资源的淘汰，我们需要及时对目录进行更新，确保资源的时效性和准确性。此外，还可以通过建立在线资源库、开发资源查询系统等方式，进一步提升资源的便捷性和易用性。

在资源梳理和分类的过程中，我们还需要注重资源的整合。通过将不同类型的资源进行有机整合，可以形成更加完整、系统的教育体系，提升思政教育的整体效果。例如，可以将图书资料与实地考察相结合，设计出一系列以某一主题为核心的学习活动；或者将历史遗迹与专题讲座相结合，让学生在了解历史的同时接受专业知识的熏陶。

2.加强合作，共同开发特色资源

在挖掘和利用线下资源的过程中，加强合作是提升教育质量、拓宽教育渠道的重要途径。通过与图书馆、博物馆、纪念馆等机构建立长期合作关系，我们可以共同开发出适合思政教育的特色资源和活动，为学生提供更加丰富多样的学习体验。

（1）建立合作机制，明确合作目标。与各类机构建立稳定的合作关系。这可以通过签订合作协议、定期召开合作会议等方式来实现。在合作过程中，要明确合作的目标和原则，确保双方能够共同致力于思政教育的发展和创新。

同时，我们还需要制定详细的合作计划和实施方案。这包括资源的共享方式、活动的组织形式、双方的权责分配等。通过制定详细的计划和方案，可以确保合作的顺利进行和有效实施。

（2）共同开发特色资源，创新教育方式。在合作的基础上，我们可以共同开发出具有特色的思政教育资源。这些资源可以包括主题展览、专题讲座、实践课程等多种形式。通过将这些资源与思政教育相结合，我们可以为学生提供更加生动、有趣的学习体验。

例如，我们可以与博物馆合作，共同开发出以历史为主题的展览和活动。通过展示历史文物、讲述历史故事等方式，让学生更加深入地了解历史、感受文化的魅力。同时，我们还可以结合展览内容设计相应的学习任务和反思活动，引导学生进行深入思考和探究。

（3）开展联合活动，促进学术交流。除了共同开发资源外，我们还可以与各类机构联合举办各种学术活动。这些活动可以包括讲座、研讨会、学术竞赛等。通过邀请专家学者来校交流、分享研究成果和经验，我们可以拓宽学生的视野和思路，激发新的思考点和创新点。

同时，联合活动还可以促进不同学科之间的交流和融合。通过跨学科的合作和交流，我们可以打破学科壁垒，促进学生的全面发展和综合素质的提升。此外，联合活动还可以增强学校的学术氛围和影响力，提升学校的整体形象和知名度。

3.实地考察与体验学习

实地考察与体验学习是思政教育中的重要环节。通过组织学生到实地考察点进行参观和学习，可以让学生亲身体验和感受历史、文化、科技等方面的知识，深化对理论知识的理解和认识。同时，结合实地考察内容设计相应的学习任务和反思活动，还可以提升学生的综合素质和能力。

（1）精选考察点，确保教育效果。选择具有代表性的考察点，让学生更加深入地了解某一领域或主题的知识和背景；通过选择具有教育性的考察点，可以让学生在接受知识的同时受到思想上的洗礼和启迪；通过选择安全性高的考察点，可以确保学生的安全和健康。

（2）设计学习任务，引导深入思考。设计相应的学习任务，包括预习相关知识、制定考察计划、记录考察过程等，引导学生更加有目的地进行考察和学习，提高学习的针对性和实效性。在考察过程中，我们还需要引导学生进行深入思考和探究，通过提问、讨论、反思等方式，激发学生的思维活力和探究欲望。

（3）结合考察内容，提升综合素质。在实地考察后，我们需要结合考察内容设计相应的反思活动和后续学习任务。通过反思活动，可以让学生回顾考察过程、总结学习成果、反思自己的不足和需要改进的地方；通过后续学习任务，可以让学生将考察所学应用到实际中去，提升自己的实践能力和创新能力。

同时，我们还可以将实地考察与其他教育方式相结合，如与课堂教学、专题讲座、实践课程等相结合，形成更加完整、系统的教育体系。通过多种方式的结合和互补，我们可以更加全面地提升学生的综合素质和能力水平。例如，可以将实地考察与历史文化课程相结合，让学生在了解历史的同时感受文化的魅力；或者将实地考察与科技创新课程相结合，让学生在体验科技的同时培养创新思维和实践能力。

（三）资源整合模式与路径

1.明确整合目标与原则

为了确保资源整合能够有序、高效地进行，我们首先需要明确整合的目标与原则，为后续的整合工作奠定坚实的基础。

（1）明确整合目标，聚焦教育效果。这意味着我们需要通过整合各类资源，优化教育资源配置，提高教育质量和效率。具体来说，整合目标可以包括以下几个方面：一是丰富思政教育内容，通过整合不同领域、不同形式的资源，为学生提供更加全面、多元的学习材料；二是提升教育方式的创新性，利用现代科技手段，打破传统教育模式的束缚，创造更加生动、有趣的学习环境；三是增强教育的针对性和实效性，根据学生的实际需求和特点，定制个性化的教育方案，提高教育的针对性和实效性。

在明确整合目标的同时，我们还需要关注目标的可衡量性和可操作性。通过设定具体的指标和评估方法，我们可以对资源整合的效果进行量化评估，确保整合工作能够取得实质性的成果。

（2）确立整合原则，确保资源效用。在确立整合原则时，我们需要考虑资源的特性、教育需求以及整合的可行性等多个方面，以下是一些关键的整合原则：

互补性原则：资源整合应充分利用各类资源的优势互补性，通过整合实现资源的优化配置和高效利用。例如，线上资源具有便捷性、广泛性的特点，而线下资源则能够提供更加真实、直观的学习体验。通过线上线下资源的互补整合，我们可以为学生提供更加丰富、立体的学习内容。

融合性原则：资源整合不仅仅是将各类资源简单地堆砌在一起，而是需要实现资源之间的深度融合。这要求我们在整合过程中，注重资源之间的内在联系和逻辑关系，通过巧妙的设计和创新的手法，将不同资源有机融合成一个整体，提高教育的连贯性和系统性。

创新性原则：在资源整合过程中，我们应积极引入新的教育理念和技术手段，推动思政教育的创新和发展。通过创新整合方式、教育内容、教学方法等，我们可以激发学生的学习兴趣和创造力，提高教育的吸引力和感染力。

可持续性原则：资源整合应考虑到资源的长期可持续利用。这要求我们在整合过程中，注重资源的保护和管理，避免资源的浪费和破坏。同时，我们还需要建立有效的更新和维护机制，确保资源能够持续为思政教育提供支持。

2.建立灵活多样的整合方式

在明确整合目标与原则的基础上，我们需要建立灵活多样的整合方式，以适应不同资源特性和教育需求。通过创新整合方式，我们可以打破时空限制，提升教育的灵活性和趣味性。

（1）搭建思政教育平台，实现资源互联互通。随着信息技术的不断发展，线上教育平台已经成为思政教育的重要载体。我们可以利用现代信息技术手段，搭建一个集线上视频、音频、文档等多种资源于一体的思政教育平台。通过这个平台，学生可以随时随地获取所需的学习材料，实现线上线下的无缝衔接。同时，平台还可以提供互动交流功能，方便学生之间、学生之间的沟通和讨论。

（2）开发多媒体教学资源，增强学习体验。多媒体教学资源具有直观、生动、形象的特点，能够极大地提升学生的学习兴趣和参与度。我们可以结合思政教育的实际内容，开发一系列多媒体教学资源，如教学视频、音频资料、动画演示等。这些资源可以与线下实物、模型等相结合，形成线上线下相融合的教学模式。通过多媒体教学资源的运用，学生可以更加深入地理解思政教育的知识点和核心概念，提高学习效果。

（3）设计混合式教学模式，提升教育灵活性。混合式教学模式是一种将线上自主学习与线下讨论、实践相结合的教学方式。这种教学模式既能够充分发挥线上资源的便捷性和广泛性，又能够保留线下教育的互动性和实践性。我们可以根据思政教育的特点和学生的实际需求，设计一系列混合式教学活动。例如，在线上阶段，学生可以自主学习相关知识点和案例；在线下阶段，则可以组织讨论会、实践活动等，让学生将所学知识应用到实际中去。通过混合式教学模式的设计和实施，我们可以提高学生的自主学习能力和实践能力，培养他们的创新思维和团队合作精神。

3.构建完善的资源整合机制

资源整合的持续性和有效性依赖于完善的机制保障。为了确保资源整合能够长期、稳定地进行下去，我们需要构建一系列完善的资源整合机制。

（1）建立资源更新维护机制，确保资源时效性。随着时代的发展和社会的进步，思政教育的内容也在不断更新和变化。因此，我们需要建立一种资源更新维护机制，确保整合后的资源能够紧跟时代步伐，保持其时效性和准确性。这要求我们定期收集、整理和更新各类资源，及时剔除过时、陈旧的内容，引入新的、有价值的资源。同时，我们还需要对资源进行定期的维护和优化，确保其能够稳定、高效地服务于思政教育。

（2）设立质量监控机制，保障资源质量。资源整合的质量直接影响到思政教育的效果。因此，我们需要设立一种质量监控机制，对整合后的资源进行定期评估和优化。这包括制定明确的评估标准和方法，对资源的科学性、准确性、实用性等进行全面评估；建立反馈机制，及时收集学生对资源的评价和建议；根据评估结果和反馈意见，对资源进行及时调整和优化。通过质量监控机制的设立和实施，我们可以确保整合后的资源能够满足思政教育的需求，提高教育的质量和效果。

（3）完善效果评估机制，检验整合成果。为了检验资源整合的实际效果，我们需要完善一种效果评估机制。这包括设定具体的评估指标和方法，对资源整合后的教育效果进行量化评估；通过学生反馈、教学效果评估等方式，收集和分析相关数据；根据评估结果，对资源整合工作进行总结和反思，提出改进意见和建议。通过效果评估机制的完善和实施，我们可以及时发现问题和不足，为资源整合的优化提供有力支持。同时，这也能够激励我们不断改进和创新资源整合工作，推动思政教育的持续发展。

二、校内外资源的共享

在全球化与信息化交织的今天，校内外资源的共享已成为提升思政教育质量与创新能力的关键。校内资源的深度整合与校外资源的广泛合作，共同构成了思政教育的多元化资源体系，为培养学生的全面发展提供了坚实支撑。

（一）校内资源开放与共享机制

1.建立跨部门、跨学科的资源共享平台

在当今高等教育体系中，校内资源往往分散于各个部门与学科之间，形成了资源孤岛，难以发挥资源的最大效用。为了打破这一壁垒，促进资源的深度融合与高效利用，建立跨部门、跨学科的资源共享平台显得尤为重要。

（1）构建统一的资源共享平台框架。构建一个集资源展示、搜索、申请、评价等功能于一体的统一平台。这个平台应具备高度的集成性和易用性，使学生能够轻松访问并获取所需资源。平台的设计应充分考虑用户的使用习惯和需求，提供直观的操作界面和便捷的搜索功能，确保用户能够快速定位到所需资源。同时，平台还应支持多种类型的资源上传和共享，包括文档、视频、音频、图片等，以满足不同学科和教学场景的需求。

在构建平台的过程中，需要打破部门之间的界限，实现资源的跨部门共享。这要求学校管理层具备全局视野，能够协调各部门之间的利益关系，推动资源的开放与共享。通过制定统一的资源共享政策和规范，明确资源的归属、使用权限和共享方式，为资源的跨部门流动提供制度保障。

（2）促进资源的跨学科交流与融合。跨部门资源共享平台的建立，不仅有助于打破部门壁垒，还能促进资源的跨学科交流与融合。不同学科之间往往存在知识互补和思维碰撞的潜力，通过资源的共享与交流，可以激发新的教学灵感和科研思路。

为了实现资源的跨学科共享，平台应提供跨学科的资源分类和标签系统，使学生能够轻松找到与自己学科相关但又不局限于本学科的资源；设置跨学科交流区，鼓励学生在不同学科之间展开对话与合作，共同探索思政教育的新路径和新方法。学校可以组织跨学科的教学研讨会和学术交流活动，为学生提供一个面对面交流的平台。通过这些活动，不仅可以加深学生对不同学

科的理解和认识，还能促进教学经验和科研成果的共享与传播，为思政教育的创新发展提供源源不断的动力。

（3）强化平台的管理与维护，确保资源质量与安全。资源共享平台的建立并非一蹴而就，而是需要持续的管理与维护。为了确保平台资源的质量和安全，学校应建立健全的管理机制和技术保障措施。

一方面，需要设立专门的管理团队负责平台的日常运营和维护。这个团队应负责审核上传的资源内容，确保资源的合法性和教育性；同时，还应定期更新和优化平台功能，提高用户的使用体验。另一方面，学校还应加强平台的技术保障，采用先进的安全技术和防护措施，确保平台数据的安全性和稳定性。通过定期备份数据、加强网络安全监控等方式，有效防范数据泄露和网络安全风险。

2.鼓励教师合作与交流，共同开发教学资源

教师是思政教育的主体，他们的教学水平和创新能力直接影响着思政教育的效果。为了激发教师的教学创新活力，促进教学资源的共享与创新，学校应鼓励教师之间的合作与交流。

（1）搭建教师合作平台，促进经验交流与共享。学校可以搭建一个专门的教师合作平台，为教师提供一个交流经验、分享心得的场所。这个平台可以是线上的论坛或社群，也可以是线下的教学研讨会或工作坊。通过定期举办教学活动和分享会，鼓励教师之间互相学习、取长补短，共同提高教学水平。

在合作平台上，教师可以分享自己的教学案例、教学方法和教学资源，供其他教师参考和借鉴。同时，也可以针对教学中遇到的问题和困惑展开讨论，共同寻找解决方案。这种经验交流与共享的方式，不仅有助于提升教师个体的教学能力，还能促进整个教师群体的共同进步。

（2）支持跨学科教学团队建设，推动教学创新。学校应鼓励不同学科背景的教师组成教学团队，共同开发思政教育课程和教学资源。通过跨学科的合作与交流，可以打破传统学科的界限，将不同学科的知识和方法融入思政

教育中，为学生提供更加全面、多元的学习体验。

在跨学科教学团队的建设中，学校应提供必要的支持和保障。例如，为团队提供专门的经费和时间支持，确保团队能够顺利开展研究和教学活动；同时，还应为团队提供必要的技术和设备支持，如多媒体教学设备、在线教学平台等，以满足跨学科教学的特殊需求。

（3）建立激励机制，鼓励教师积极参与合作。为了激发教师参与合作的积极性，学校应建立相应的激励机制。例如，将教师参与合作的情况纳入绩效考核体系，作为评价教师工作表现的重要指标；为积极参与合作的教师提供奖励和荣誉，如优秀教学团队奖、教学成果奖等。通过这些激励措施，鼓励更多的教师积极参与合作，共同推动思政教育的创新发展。

3.设立思政教育研究中心，促进资源深度整合

为了进一步提升校内资源的整合与创新能力，推动思政教育的持续发展，学校可以设立思政教育研究中心或类似机构。这个中心应成为思政教育研究与实践的高地，汇聚校内外思政教育领域的专家学者，共同探索思政教育的新路径和新方法。

（1）汇聚专家学者，形成研究合力。思政教育研究中心应汇聚校内外思政教育领域的专家学者，包括资深教师、学术骨干、优秀研究生等。通过定期举办学术研讨会、项目申报、成果展示等活动，为专家学者提供一个交流思想、碰撞智慧的平台。同时，中心还可以邀请国内外知名专家学者举办讲座，拓宽学生的学术视野和研究思路。

（2）聚焦前沿问题，开展深入研究。思政教育研究中心应聚焦思政教育的前沿问题和热点问题，如新时代思政教育的理念创新、方法创新、路径创新等。通过组织专家学者进行深入研究和实践探索，形成一批具有创新性和实践性的研究成果。这些成果不仅可以为思政教育提供新的理论支撑和实践模式，还可以为相关政策和决策的制定提供科学依据。

（3）推动成果转化，服务思政教育实践。思政教育研究中心不仅要注重

理论研究,还要关注研究成果的转化与应用。中心应积极与一线教学单位合作,将研究成果转化为实际的教学资源和教学方法,服务于思政教育的实践。同时,中心还可以建立成果推广机制,通过举办培训班、研讨会等方式,将研究成果推广到更广泛的领域和地区,推动思政教育的整体提升和发展。

(二)校外资源合作与交流途径

1.积极拓展与政府机构的合作关系

政府机构作为社会管理和公共服务的核心,掌握着大量的政策资源和实践经验,对于思政教育而言,是不可多得的合作伙伴。学校应充分认识到与政府机构合作的重要性,积极拓展合作渠道,共同推动思政教育的创新发展。

(1)建立常态化的沟通机制。学校需要建立与政府机构的常态化沟通机制,确保双方能够及时、有效地交流信息。这可以通过定期召开联席会议、设立专项联络人等方式实现。在会议上,学校可以介绍思政教育的最新进展和面临的问题,而政府机构则可以分享相关政策动态和实践经验。这种沟通机制不仅有助于增进双方的了解和信任,还能为后续的合作奠定坚实的基础。

(2)共同参与政策制定与实施。政府机构在制定和实施相关政策时,往往需要听取各方面的意见和建议。学校应积极参与这一过程,为政府提供来自教育一线的真实反馈和专业建议。同时,学校还可以根据政府机构的政策导向,调整思政教育的目标和内容,确保教育实践与政策要求保持高度一致。这种参与不仅有助于提升学校在社会事务中的影响力,还能使思政教育更加贴近实际、更具针对性。

(3)合作开展实践活动与研究项目。政府机构往往拥有丰富的实践资源和项目资金,学校可以与之合作开展各类思政教育实践活动和研究项目。例如,共同组织社会调查、志愿服务、政策宣讲等活动,让学生在实践中加深对国家政策和社会现状的理解;或者联合申报科研项目,探索思政教育的新模式和新方法。这些合作不仅能够丰富思政教育的实践内容,还能提升学生的综合素质和创新能力。

2.深化与企事业单位的合作，实现产学研深度融合

企事业单位是社会经济发展的重要载体，它们不仅拥有真实的职业环境和实践经验，还掌握着行业前沿的技术和动态。学校应深化与企事业单位的合作，将思政教育与实践紧密结合，实现产学研的深度融合。

学校可以与企事业单位共同建立实习基地和研发中心，为学生提供一个集实习实训、项目合作、技术研发于一体的综合性平台。在这个平台上，学生可以参与企业的实际运营和研发过程，了解行业规范和操作流程，提升自己的实践能力和职业素养。同时，学校还可以借助企业的技术和资源，推动思政教育的教学改革和科研创新。

学校可以与企业共同制定培养方案，将企业的实际需求融入课程设计和教学内容中。通过校企双方的共同努力，培养出既具备扎实理论基础又拥有丰富实践经验的高素质人才。这种联合培养模式不仅有助于提升学生的就业竞争力，还能为企业输送符合需求的人才资源。

学校在与企事业单位的合作中，应积极推动科研成果的转化与应用。通过将学校的科研成果转化为企业的实际生产力或产品服务，不仅可以实现科研成果的价值最大化，还能为企业的发展注入新的活力。同时，这种转化过程也能为思政教育提供新的教学案例和实践素材，丰富教学内容和形式。

3.广泛与社会组织合作，拓展思政教育的广度与深度

社会组织在思政教育领域具有独特的优势和资源，如公益组织、文化机构、艺术团体等。学校应广泛与社会组织合作，共同开展丰富多彩的思政教育活动，拓展教育的广度与深度。

（1）参与公益活动，培养社会责任感。公益组织是培养学生社会责任感的重要途径。学校可以与社会公益组织合作，组织学生参与各类公益活动，如环保行动、扶贫济困、志愿服务等。通过参与这些活动，学生可以亲身体验到社会责任的重要性，增强自己的社会责任感和使命感。同时，这些活动

也能为思政教育提供生动的实践案例和素材。

（2）开展文化交流，提升文化素养。文化机构是传承和弘扬优秀文化的重要载体。学校可以与博物馆、图书馆、文化中心等文化机构合作，共同开展文化交流活动，如展览参观、讲座研讨、文艺演出等。通过这些活动，学生可以接触到更多的文化知识和艺术精品，提升自己的文化素养和审美能力。同时，这些活动也能为思政教育注入更多的文化内涵和精神价值。

（3）融入艺术创作，激发创新思维。艺术团体是激发学生创新思维和想象力的重要力量。学校可以与艺术团体合作，共同开展艺术创作活动，如绘画、音乐、舞蹈、戏剧等。通过这些活动，学生可以发挥自己的创造力和想象力，创作出具有独特风格的艺术作品。这种创作过程不仅能够提升学生的艺术修养和审美能力，还能激发他们的创新思维和跨界融合能力，为思政教育的创新发展提供新的思路和方法。

第二节 思政教育的思维转换

随着教育改革的不断深入，思政教育也面临着前所未有的挑战与机遇。传统的思政教育模式已难以适应新时代的需求，因此，从教育者到学习者，都需要进行一场深刻的思维转换。

一、从传授到引导的思维转变

在教育的广阔天地中，思政教育作为塑造学生价值观念、培养社会责任感的重要一环，其教学模式与方法的选择至关重要。传统传授式教育虽有其历史根基与实践基础，但在新时代背景下，其局限性日益凸显。与此同时，引导式教育以其注重学生主体性、激发创造力的优势，逐渐成为思政教育改革的新方向。

（一）传授式教育的局限性

1.知识灌输的单一性

传授式教育模式，作为一种历史悠久的教学方式，其核心在于知识的传递与积累。然而，在这一模式下，知识的灌输往往呈现出单一性，这种单一性不仅体现在内容的呈现方式上，更深刻地影响了学生的学习方式和思维发展。

在传授式教育中，教师通常依据既定的教材或教案，以讲授、板书等传统方式向学生传递知识。这些知识点往往被精心编排，形成了一套看似完整、系统的知识体系。然而，这种体系化的知识呈现方式，却在一定程度上剥夺了学生探索知识多样性和复杂性的机会。学生所接触到的，只是经过筛选和加工后的"标准答案"，而对于知识背后的逻辑、原理、争议以及不同观点，却往往被忽视或简化。这种固化的内容呈现方式，导致学生只能获得片面、表面的知识，难以形成对知识的全面理解和深刻洞察。

在传授式教育模式下，学生的学习方式往往是被动的。他们被要求记忆和复述教师讲授的知识点，以应对考试或测评。这种学习方式不仅缺乏主动性和创造性，还容易导致学生对知识的机械记忆和表面理解。学生往往只是简单地重复和模仿，而无法真正掌握知识的精髓和内涵。

知识的单一性灌输，还严重限制了学生的思维发展。在传授式教育中，学生被要求按照既定的思路和方法去解决问题，而缺乏独立思考和自主探究的机会。这种教育模式下的学生，往往只能处理一些简单、明确的问题，而面对复杂、模糊的问题时则显得束手无策。他们的思维被局限在固定的框架内，缺乏创新思维和批判性思维的培养。这种思维发展的受限，不仅影响了学生的学习效果，更制约了他们的未来发展和适应社会的能力。

2.学生主体性的缺失

在传授式教育中，学生往往被视为知识的被动接受者，其主体性和创造性被严重压制。这种教育模式的弊端在于，它忽视了学生在学习过程中的主体地位和能动作用，导致学生的学习动力和兴趣逐渐丧失。

在传授式课堂上，学生更多的是倾听和记录，而非思考和质疑。他们被要求按照教师的节奏和安排去学习，缺乏自主选择和探索的空间。这种被动的学习状态，不仅限制了学生思维的活跃性和创造性，还使他们逐渐形成了依赖心理。学生习惯于等待教师的指导和解答，而缺乏主动寻求知识和解决问题的能力和勇气。学生的主体性被严重剥夺，无法根据自己的兴趣和需求去选择学习内容和学习方式，只能被动接受教师传授的知识。

由于学生在传授式教育中处于被动地位，他们的参与度和兴趣往往会逐渐下降。课堂上缺乏互动和交流，学生只是机械地听讲和记录，容易对学习感到枯燥乏味，更难以对思政课程产生兴趣。

3.思维能力的局限

传授式教育过于强调知识的记忆和复述，而忽视了对知识背后深层次意义的理解和探究。这种教育模式下的学生，往往能够熟练背诵知识点，但在面对实际问题时却难以灵活运用所学知识进行分析和解决。他们的思维能力被局限在固定的框架内，缺乏创新思维和批判性思维的培养。

在传授式教育中，学生往往只是机械地记忆知识点，而缺乏对知识背后逻辑和原理的理解。这种学习方式导致学生在面对实际问题时难以灵活运用所学知识。他们无法将知识点与实际问题相结合，也无法通过分析和推理来解决问题。这种知识应用的僵化现象，不仅影响了学生的学习效果，还制约了他们的实践能力和创新能力的发展。

学生的创新思维往往被严重压制。他们被要求按照既定的思路和方法去解决问题，而缺乏独立思考和自主探究的机会。这种教育模式下的学生，往往缺乏创新意识和创新能力。他们无法提出新的观点和想法，也无法通过创新和创造来解决问题。这种创新思维的缺失，不仅影响了学生的学习和发展，还制约了整个社会的进步和发展。

批判性思维是学生在面对问题时能够独立思考、分析判断并作出决策的重要能力。然而，在传授式教育中，学生的批判性思维往往被忽视或削弱。他们被要求接受和记忆教师的观点和讲解，而缺乏对不同观点和信息的批判性分析和判断。这种教育模式下的学生，往往缺乏批判性思维和独立思考的能力。他们无法对所学知识进行深入的反思和质疑，也无法对外部信息进行独立的筛选和判断。这种批判性思维的薄弱现象，不仅影响了学生的学习效果和思政教育的实效性，还可能导致他们在面对复杂社会问题时缺乏判断力和决策能力。

（二）引导式教育的优势与实践

1.激发学习兴趣与动力

引导式教育，作为一种以学生为中心、强调学生主动探索与学习的教育模式，其核心在于激发学生的学习兴趣与动力。这一转变，不仅是对传统教学模式中知识单向传递的颠覆，更是对学生在学习过程中主体地位的确认与尊重。

（1）问题情境的创设。在引导式教育中，教师不再仅仅是知识的传递者，而是成为学生学习旅程中的引导者和伙伴。教师通过精心设计的问题情境，将学生引入一个充满探索与发现的学习世界。这些问题既可以是与学生日常生活紧密相关的实际问题，也可以是学科领域内具有挑战性的开放性问题。学生在问题的驱动下，产生强烈的探究欲望和学习动力，从而主动地投入学习过程。

问题情境的创设，不仅激发了学生的好奇心和求知欲，还使学生在解决问题的过程中体验到了学习的乐趣和成就感。这种积极的情感体验，进一步增强了学生对思政课程的喜爱和投入，为后续的深入学习奠定了坚实的基础。

（2）合作学习的促进。引导式教育强调学生的主体性，鼓励学生通过自主学习、合作学习等方式获取知识。在合作学习中，学生被分成小组，共同面对问题、讨论解决方案、分享学习成果。这种学习方式不仅增强了学生之间的交流与互动，还使学生在合作中相互学习、相互启发，共同提升学习效果。

合作学习中的角色扮演和分工合作，使学生能够在团队中找到自己的位置和价值，从而更加积极地参与学习过程，也培养了学生的团队协作能力和沟通能力，为学生未来的职业发展和社会生活打下了良好的基础。

（3）学习动力的持续激发。引导式教育通过不断的问题引导和情境创设，使学生的学习动力得以持续激发。每当学生解决一个问题或完成一个任务时，他们都会获得成就感和满足感，这种积极的反馈进一步增强了他们的学习动力。同时，教师还可以通过设置阶段性目标和奖励机制，来激励学生不断追求更高的学习目标。

在引导式教育中，学生的学习动力不再依赖于外部的压力和强制，而是源于内心的探究欲望和学习兴趣。这种内在的动力源泉，使学生的学习更加持久、深入，也为他们的终身学习和职业发展奠定了坚实的基础。

2.培养自主学习能力

引导式教育将培养学生的自主学习能力作为其核心目标之一。在这一教育模式下，学生不再是被动的知识接受者，而是成为主动的知识探索者和学习者。

（1）自主学习意识的培养。引导式教育通过鼓励学生自主查阅资料、思考问题、解决问题，来培养他们的自主学习意识。在这一过程中，学生逐渐认识到学习是自己的事情，需要自己去主动寻求知识和解决问题。这种自主学习意识的觉醒，是学生自主学习能力提升的前提和基础。

（2）自主学习方法的掌握。在引导式教育中，教师需要让学生掌握多样化的自主学习方法，如如何高效地阅读文献、如何制定学习计划、如何进行有效的自我监控和反思等。这些方法的掌握，不仅有助于学生提高学习效率，还能使他们在面对新知识时更加自信和从容。

（3）自主学习习惯的养成。自主学习能力的培养需要学生养成良好的学习习惯。在引导式教育中，教师通过定期的检查和反馈，来督促学生坚持自主学习。同时，教师还可以通过设立学习小组或学习伙伴制度，来鼓励学生之间的相互监督和帮助。这些措施的实施，有助于学生将自主学习变成一种习惯，从而为他们未来的终身学习和职业发展打下坚实的基础。

3.提升批判性思维与创新能力

引导式教育不仅关注学生的知识掌握和自主学习能力培养，还致力于提升学生的批判性思维与创新能力。这是引导式教育的高级追求，也是培养未来社会所需人才的关键。

在引导式教育中，教师鼓励学生质疑、反思、评价所学知识。通过引导学生从不同角度分析问题、评价观点，来培养他们的批判性思维。这种思维方式使学生能够独立思考、不盲从权威，对于形成自己的独立见解和判断具有重要意义。

引导式教育通过项目式学习、探究式学习等活动，为学生提供了将所学知识应用于实践的机会。在这些活动中，学生需要自主发现问题、设计解决方案、实施并评估结果。这一过程不仅锻炼了学生的实践能力，还激发了他们的创新意识。学生在实践中不断尝试、不断失败、不断反思，最终实现了知识的创新应用和价值创造。

批判性思维与创新能力是相互依存、相互促进的。批判性思维为创新能力提供了基础和方向，而创新能力则是批判性思维的具体体现和升华。学生在批判性思维的基础上发现问题、提出假设，在创新能力的驱动下设计解决方案、实施并优化结果。这种融合使学生能够在面对复杂问题时更加从容不迫、游刃有余。

4.促进情感与价值观的内化

引导式教育在思政教育中的应用，不仅关注知识的传授，更注重情感与价值观的引导与培养。通过情景模拟、角色扮演等教学方式，让学生在体验中感悟道德规范和社会责任，从而促进学生将道德规范和社会责任内化为自己的行为准则和价值追求。

（1）情景模拟。创设与现实生活相似的情境,让学生在模拟的环境中体验、思考和决策，使学生更加直观地感受到道德规范和社会责任的重要性，从而在内心深处产生认同和共鸣。

（2）角色扮演。学生扮演不同的社会角色，如公民、消费者、企业员工等，体验不同角色的道德责任和社会义务，深入地理解道德规范和社会责任，并将其内化为自己的行为准则。

5.实践路径的探索与实施

实施引导式教育需要教师在教学理念、教学方法、教学评价等方面进行全面的转变和探索。

（1）教学理念的更新。教师需要树立以学生为中心的教学理念，关注学生的需求和兴趣，为学生创造更多自主学习和合作学习的机会。这意味着教师需要从传统的知识传授者转变为学生学习过程中的引导者和伙伴，与学生共同探索、共同成长。

（2）教学方法的创新。教师需要掌握多样化的教学方法,如问题导向教学、项目式学习、探究式学习等，以激发学生的学习兴趣和探究欲望。这些教学方法的实施需要教师具备较高的专业素养和教学技能，同时也需要教师不断探索和实践，以找到最适合学生的教学方式。

（3）教学评价的完善。教师需要建立科学合理的评价体系，关注学生的学习过程和学习成果，鼓励学生进行自我评价和同伴评价。这种评价体系不仅能够反映学生的学习情况，还能够激励学生不断进步和提高。同时，教师还需要注重对学生情感、态度和价值观的评价，以促进学生全面发展。

二、从单一到多元的教学方法创新

（一）单一教学方法的弊端

在传统的思政教育体系中，教学方法往往呈现出单一化的特点，这主要体现在过度依赖讲授法、讨论法等传统教学手段上。虽然这些方法在特定情境下能够发挥一定的教学作用，但长期、单一地使用却暴露出了诸多弊端，严重影响了思政教育的效果和质量。

1.学生兴趣与动力的消磨

单一的教学方法往往缺乏新颖性和趣味性，难以持续激发学生的学习兴趣和动力。讲授法作为最常用的教学方法之一，虽然能够系统地传授知识，但往往以教师为中心，学生处于被动接受的状态。长时间处于这种教学模式下，学生容易产生疲劳感和厌倦感，对思政课程失去兴趣，甚至产生抵触情绪。讨论法虽然能够增加学生的参与度，但如果讨论主题缺乏深度或引导不当，也容易流于形式，无法真正激发学生的思考热情。

2.个性化学习需求的忽视

每个学生都是独一无二的个体，他们有着不同的学习风格、兴趣偏好和认知水平。然而，单一的教学方法往往忽视了这些差异，采用"一刀切"的教学方式，难以满足不同层次、不同需求学生的学习要求。这种"一刀切"的教学模式不仅限制了学生潜能的发挥，还可能导致部分学生因为无法适应教学方式而掉队，进一步加剧了教育的不公平现象。

3.教学效果的局限

单一的教学方法往往侧重于知识的传授，而忽视了对学生能力、情感和价值观的培养。思政教育不仅仅是要传授知识，更重要的是要引导学生树立正确的世界观、人生观和价值观，培养他们的社会责任感、创新意识和实践能力。然而，单一的教学方法往往难以达到这些目标。讲授法可能让学生记住了一些知识点，但无法深入理解和应用；讨论法虽然能够激发学生的思考，但如果没有有效的引导和反馈，也难以形成深刻的认识和体验。

4.教师角色的固化

在单一的教学方法下，教师的角色往往被固化为知识的传授者和课堂的掌控者。这种角色定位不仅限制了教师的教学创新和专业成长，还阻碍了师生之间的有效沟通和互动。教师过于注重知识的传授和课堂的纪律维护，而忽视了对学生个体差异的关注和对他们情感、价值观的引导。这种固化的教师角色不仅影响了教学效果，还可能导致师生关系的疏远和紧张。

（二）多元化教学方法的探索与实施：思政教育的新路径

面对单一教学方法的弊端，思政教育必须积极探索并实施多元化的教学方法，以满足学生的不同学习需求，提升教学效果和质量。多元化教学方法的实施不仅要求教师具备较高的专业素养和创新能力，还需要教师不断更新教育观念，转变教学方式，以学生为中心，注重学生的全面发展。

1.案例教学法的应用

案例教学法通过引入生动的案例，引导学生进行分析和讨论，从而加深对理论知识的理解和运用。在思政教育中，教师可以选取与课程内容紧密相关的社会热点、历史事件或现实案例，让学生通过分析案例来理解思政理论的实际应用和价值。案例教学法能够激发学生的学习兴趣和好奇心，培养他们的分析能力和解决问题的能力，促进学生的团队协作和沟通能力的发展。

2.情景模拟法的实践

情景模拟法通过创设与教学内容相关的情境，让学生在模拟的环境中体验和感悟，增强思政教育的实践性和趣味性。教师可以根据课程内容设计模拟场景，如法庭审判、社会调查、志愿服务等，让学生扮演不同的角色，体验不同的社会情境和道德困境。情景模拟法能够使学生身临其境地感受思政理论的实际应用，加深对道德规范和社会责任的理解，还能够培养学生的实践能力、应变能力和创新能力。

3.小组合作法的推广

小组合作法通过分组合作的方式，鼓励学生相互交流、共同探讨问题，培养他们的团队协作精神和沟通能力。在思政教育中，教师可以将学生分成小组，让他们围绕某个主题或问题进行研究和讨论。

4.研究性学习法的倡导

研究性学习法引导学生自主选择研究课题进行深入研究，培养他们的独立思考能力和创新精神。在思政教育中，教师可以鼓励学生根据自己的兴趣和需求选择研究课题，通过查阅资料、实地调查、实验验证等方式进行深入研究。研究性学习法能够激发学生的学习兴趣和探究欲望，培养他们的独立思考能力和创新能力。同时，通过研究性学习还能够使学生更加深入地理解思政理论，形成自己的独特见解和观点。

多元化教学方法的实施需要教师具备较高的专业素养和创新能力。因此，教师需要不断加强自身学习，更新教育观念，提高教学技能。同时，学校和教育部门也需要为教师提供必要的培训和支持，鼓励他们积极探索和实践多元化教学方法。只有这样，才能够真正提升思政教育的效果和质量，培养出具有社会责任感、创新意识和实践能力的新时代人才。

第三节　思政工作的结构优化

思政工作的结构优化是新时代提升思想政治工作实效性的重要途径。随着社会的快速发展和人们思想观念的多元化，传统的思政工作模式已经难以满足当前的需求。因此，对思政工作的结构进行优化，以适应新形势、新任务的要求，成为当前思政工作的重要课题。

一、内容体系的优化

内容体系作为思政工作的基石，其优化与更新是提升思政工作针对性和实效性的关键所在。在新时代背景下，面对快速变化的社会环境和多元化的思想需求，思政工作必须紧跟时代步伐，不断创新和丰富其内涵，以确保思政工作能够深入人心，发挥应有的引领作用。

（一）强化理论武装

1.坚持马克思主义中国化的最新理论成果

在新时代，思政工作的首要任务是用马克思主义中国化的最新理论成果武装全党、教育人民。这要求我们必须深入学习贯彻习近平新时代中国特色社会主义思想，将其作为思政工作的根本遵循和行动指南。通过系统学习、深入领会，使广大干部群众能够准确把握新时代中国特色社会主义思想精髓和实践要求，从而坚定理想信念，坚定"四个自信"。

2.转化生动具体的教学内容

理论武装并非简单的说教和灌输，而是要将抽象的理论转化为生动、具体的教学内容，使之更易于被接受和理解。这要求思政工作者在备课和教学过程中，注重理论联系实际，用通俗易懂的语言和贴近生活的案例来阐释理论，使广大干部群众能够在轻松愉快的氛围中学习理论、掌握理论。

3.多样化教学方式提升学习效果

为了进一步提高理论武装的效果，思政工作还应采用多样化的教学方式。除了传统的课堂讲授外，还可以利用现代信息技术手段，如在线学习平台、微信公众号等，开展线上学习和交流。同时，还可以组织专题研讨会、读书会等活动，鼓励大家分享学习心得和体会，从而加深对理论的理解和认识。

4.建立长效学习机制

理论武装并非一蹴而就，而是需要持续不断的学习和积累。因此，思政工作应建立长效学习机制，确保广大干部群众能够持续接受理论教育。这可以通过制定学习计划、定期考核等方式来实现，以确保学习效果的长期性和稳定性。

（二）注重实践教育：在实践中深化理论认识

1.理论与实践相结合

思政工作不仅要注重理论教育，更要注重实践教育。实践是检验真理的唯一标准，也是深化理论认识的重要途径。因此，在思政工作中，我们应积极组织社会实践、志愿服务、红色教育等活动，让广大干部群众在实践中感受理论的力量，深化对理论的认识和理解。

2.社会实践活动的多样化设计

社会实践活动的设计应多样化，以满足不同群体、不同层次的需求。例如，可以组织学生参加社会调查、志愿服务等活动，让他们在实践中了解社会、服务社会；可以安排企业员工参与企业文化建设、团队建设等活动，增强他们的归属感和责任感；可以组织党员干部参观革命遗址、接受红色教育等，坚定他们的理想信念。

3.实践成果的总结与分享

实践活动结束后，应及时对实践成果进行总结和分享。这不仅可以帮助参与者回顾和反思实践过程中的得失，还可以为后续的实践活动提供经验和借鉴。同时，通过分享实践成果，还可以激发更多人的参与热情，形成良好的实践氛围。

4.建立实践教育长效机制

实践教育并非一次性的活动，而是需要长期坚持和不断完善的。因此，思政工作应建立实践教育长效机制，确保实践活动的持续性和有效性。这可以通过制定实践计划、建立实践基地、加强实践指导等方式来实现。

（三）丰富教育内容：满足多元化需求

1.加强思想道德教育

思想道德教育是思政工作的重要组成部分。在新时代背景下，我们应注重加强思想道德教育，引导广大干部群众树立正确的世界观、人生观和价值观。这可以通过开展道德教育讲座、组织道德实践活动等方式来实现。

2.强化法治教育

法治教育是现代社会不可或缺的一部分。思政工作应加强对法治教育的重视，引导广大干部群众增强法治意识，遵守法律法规。这可以通过开展法治讲座、组织法律知识竞赛等方式来实现。同时，还可以结合社会热点案例进行剖析和讨论，提高大家的法律素养和维权能力。

3.重视心理健康教育

随着社会的快速发展和竞争的加剧，人们的心理压力也在不断增加。因此，思政工作应重视心理健康教育，帮助广大干部群众缓解心理压力、提高心理素质。这可以通过设立心理咨询机构、开展心理健康讲座、组织心理拓展活动等方式来实现。同时，还可以加强心理健康知识的普及和宣传，提高大家的心理健康意识。

4.融合业务工作与思政教育

为了进一步提高思政工作的针对性和实效性，我们应注重将思政工作与业务工作相结合。这要求思政工作者在了解业务工作特点和需求的基础上，将思政教育融入各项具体工作中。例如，在企业中可以将思政教育与企业文化建设相结合，通过宣传企业文化来引导员工树立正确的价值观和职业观；在学校中可以将思政教育与专业教学相结合，通过专业课程中的思政元素来培养学生的综合素质。

5.创新教育内容形式

为了吸引更多人的关注和参与，思政工作还应不断创新教育内容形式。

这可以通过引入新媒体技术、开发互动式教学软件等方式来实现。同时，还可以结合社会热点和时事新闻来更新教育内容，使之更加贴近实际、贴近生活。

二、方法体系的优化

方法体系作为思政工作的实施手段，其优化与创新对于增强思政工作的吸引力和感染力至关重要。在新时代背景下，面对日益复杂多变的社会环境和多元化的思想需求，思政工作必须不断探索和实践新的方式方法，以提高工作的实效性和针对性。

（一）创新教学方法：激发学习兴趣与提升教学效果

1.启发式教学的应用

启发式教学是一种以学生为中心，通过引导学生主动思考、积极探索来获取知识的教学方法。在思政工作中，运用启发式教学可以激发学生的学习兴趣，促进他们深入思考。例如，教师可以通过提出问题、设置悬念等方式，引导学生主动寻找答案，从而加深对知识点的理解和记忆。

2.讨论式教学的实践

讨论式教学强调师生之间的互动和交流，通过组织学生围绕特定主题进行讨论，可以培养他们的批判性思维和团队合作能力。在思政课堂上，教师可以选取与课程内容紧密相关的社会热点或争议话题，引导学生展开讨论，让他们在辩论中明辨是非，提高思想认识和政治觉悟。

3.案例教学法的运用

案例教学是通过分析具体案例来传授知识和技能的教学方法。在思政工作中，选取具有代表性的案例，如历史人物、社会事件等，进行分析和讲解，可以帮助学生更好地理解抽象的理论知识，并将其应用于实际生活中。这种教学方法不仅增强了思政工作的实践性，也提高了学生的参与度和学习兴趣。

4.现代信息技术的融合

随着信息技术的快速发展，多媒体教学、网络教学等现代化教学手段已成为思政工作不可或缺的一部分。利用这些技术，教师可以制作生动的课件、视频等教学资源，丰富教学内容和形式。同时，网络教学平台也为师生提供了更加便捷、灵活的交流方式，有助于实现个性化教学和远程教学。

5.教学评估与反馈机制的建立

为了不断优化教学方法，提高教学效果，思政工作还应建立完善的教学评估与反馈机制。通过定期收集学生的意见和建议，对教学方法进行及时调整和改进。同时，通过对学生学习成果的评估，可以了解教学效果的优劣，为后续的教学工作提供有力的依据。

（二）注重因材施教：满足不同群体的需求

1.分析教育对象的特点

因材施教的前提是深入了解教育对象的特点和需求。思政工作者应通过对不同群体、不同层次的教育对象进行调研和分析，了解他们的思想状况、学习习惯、兴趣爱好等方面的差异。只有这样，才能制定出更加符合实际、具有针对性的教育方案。

2.制定差异化的教育计划

根据教育对象的特点和需求，思政工作者应制定差异化的教育计划。对于大学生群体，可以注重培养他们的创新精神和实践能力，通过组织科研项目、社会实践等活动来锻炼他们的综合素质；对于企业员工群体，可以注重培养他们的职业道德和职业素养，通过职业道德教育、技能培训等方式来提升他们的职业素养和竞争力。

3.灵活运用多种教育方法

因材施教要求思政工作者在教育过程中灵活运用多种教育方法。对于理论性较强的内容，可以采用讲授法、讨论法等传统教学方法；对于实践性较强的内容，则可以采用案例分析、角色扮演等实践性教学方法。同时，还可以结合现代信息技术手段，如在线学习、虚拟仿真等，为教育对象提供更加丰富、多样的学习体验。

4.关注个体差异与特殊需求

在教育过程中，思政工作者还应关注教育对象的个体差异和特殊需求。对于学习困难的学生，可以提供个性化的辅导和帮助；对于有特殊兴趣爱好的学生，可以鼓励他们参与相关的课外活动或社团组织。通过满足教育对象的个性化需求，可以激发他们的学习动力和积极性，提高思政工作的实效性。

（三）加强心理疏导：解决心理困惑与提升心理素质

1.建立心理咨询机构

随着社会的快速发展和人们思想观念的多元化，心理问题已成为影响人们身心健康的重要因素。因此，思政工作应建立心理咨询机构，为教育对象提供及时、有效的心理支持和帮助。心理咨询机构可以配备专业的心理咨询师，通过面谈、电话、网络等多种方式为学生提供心理咨询服务。

2.开展心理健康讲座与活动

除了提供心理咨询外，思政工作还应定期开展心理健康讲座和活动。通过邀请心理学专家、学者来校讲座，可以帮助学生了解心理健康知识，提高心理素质。同时，还可以组织心理健康主题活动，如心理剧表演、心理拓展训练等，让学生在活动中释放压力、舒缓情绪。

3.建立心理健康档案与跟踪机制

为了更好地了解教育对象的心理健康状况，思政工作应建立心理健康档案和跟踪机制。通过定期对学生进行心理健康测评，可以及时发现并解决潜在的心理问题。同时，对于存在心理困扰的学生，可以进行长期的跟踪和关注，为他们提供持续的心理支持和帮助。

4.培养心理自助与互助能力

除了外部的心理支持和帮助外，思政工作还应注重培养教育对象的心理自助与互助能力。通过开设心理健康教育课程、组织心理健康社团等方式，可以引导学生学会自我调节情绪、缓解压力，鼓励学生在遇到心理问题时主动寻求帮助，形成良好的心理互助氛围。

5.整合心理健康与思政教育

心理健康教育与思政教育是相辅相成的。在思政工作中加强心理疏导，不仅可以帮助学生解决心理困惑，还可以提高他们的思想认识和政治觉悟。因此，思政工作者应注重将心理健康教育与思政教育相结合，通过心理疏导来增强学生的心理素质和思想品质。

三、队伍体系的优化

队伍体系作为思政工作的主体，其优化与强化直接关系到思政工作的执行力和战斗力。在新时代背景下，面对复杂多变的社会环境和日益增长的思政需求，加强思政工作队伍建设，完善激励机制，强化团队协作，成为提升思政工作实效性的关键。

（一）加强队伍建设

1.严格选拔标准，确保队伍素质

思政工作者的政治素质和业务能力直接关系到思政工作的质量和效果。因此，在选拔思政工作者时，应坚持高标准、严要求，注重考察其政治立场、道德品质、业务能力和工作态度。通过公开选拔、竞争上岗等方式，选拔出一批政治素质高、业务能力强、作风正派的思政工作者，为思政工作队伍注入新鲜血液。

2.加强培训教育，提升专业素养

培训教育是提升思政工作者专业素养和综合能力的重要途径。应建立健全思政工作者培训制度，定期举办专题培训班、研讨会等，邀请专家学者进行授课，帮助思政工作者更新知识、拓宽视野。同时，鼓励思政工作者参加学历提升、职业资格认证等，不断提升其专业素养和综合能力。

3.注重实践锻炼，增强实战经验

实践是检验思政工作者能力和水平的最好舞台。应鼓励思政工作者积极参与社会实践、志愿服务等活动，深入基层、了解民情，增强对社会的感知和认识。通过实践锻炼，思政工作者可以更加深入地理解思政工作的内涵和要求，提高解决实际问题的能力。

4.建立退出机制，保持队伍活力

为了保持思政工作队伍的活力和战斗力，应建立合理的退出机制。对于不符合思政工作要求、工作表现不佳的思政工作者，应及时进行调整或辞退。同时，对于达到退休年龄或因其他原因无法继续从事思政工作的思政工作者，应做好离岗安置和后续服务工作，确保队伍的稳定和有序更新。

（二）完善激励机制

1.设立奖项，表彰先进典型

设立思政工作奖项是激励思政工作者积极投身思政工作的重要手段。应定期评选出思政工作先进个人、优秀思政工作者等，并给予表彰和奖励。通过树立先进典型，可以激发思政工作者的荣誉感和使命感，引导他们向先进学习、向榜样看齐。

2.提供晋升机会，拓展职业发展空间

晋升机会是思政工作者关注的重要方面。应建立健全思政工作者晋升机制，为表现优秀的思政工作者提供晋升机会和职业发展空间。通过职务晋升、职称评定等方式，让思政工作者看到自己的职业发展前景，从而更加积极地投入思政工作。

3.加强关心关爱，营造良好氛围

关心和关爱是思政工作者最需要的情感支持。应加强对思政工作者的关心和关爱,关注他们的工作、生活和思想动态。通过定期走访、座谈交流等方式,了解他们的实际困难和需求,并尽力提供帮助和支持。同时,营造尊重思政工作、关心思政工作者的良好氛围,让思政工作者感受到组织的温暖和关怀。

4.建立绩效考核制度，强化责任担当

绩效考核是评价思政工作者工作表现的重要方式。应建立健全思政工作者绩效考核制度,明确考核标准、考核方法和考核周期。通过定期考核,对思政工作者的工作表现进行客观评价,并根据考核结果进行奖惩。这可以促使思政工作者更加认真地履行工作职责,提高工作质量和效率。

（三）强化团队协作

1.建立联席会议制度，加强沟通协调

联席会议制度是促进各部门之间沟通协调的有效方式。应建立思政工作联席会议制度,定期召开会议,研究思政工作重大问题,协调各部门之间的工作关系。通过联席会议,可以及时了解各部门的工作进展和存在的问题,并共同商讨解决方案,确保思政工作的顺利推进。

2.开展联合调研，促进信息共享

联合调研是促进各部门之间信息共享的重要途径。应组织思政工作部门与其他相关部门开展联合调研,深入了解社会热点、难点问题和群众需求。通过联合调研,可以形成更加全面、客观的认识和判断,为思政工作提供有力的依据和支持。同时,也可以促进各部门之间的信息共享和资源整合,提高思政工作的针对性和实效性。

3.建立项目合作机制，增强协同配合

项目合作机制是促进各部门之间协同配合的有效方式。应鼓励思政工作部门与其他相关部门建立项目合作机制，共同承担思政工作任务和项目。通过项目合作，可以明确各部门的职责和任务分工，形成优势互补、协同配合的工作格局。同时，也可以促进各部门之间的交流和合作，增进相互理解和信任，为思政工作的顺利开展奠定坚实基础。

4.加强团队建设，培养团队精神

团队精神是团队协作的重要支撑。应加强思政工作团队建设，注重培养团队精神。通过组织团队活动、开展团队建设培训等方式，增强思政工作者的团队意识和协作能力。同时，也要注重团队文化的建设，营造积极向上、团结协作的团队氛围，让思政工作者在团队中感受到归属感和荣誉感。

四、制度体系的优化

制度体系作为思政工作的基石，其优化与完善是确保思政工作规范化、长效化、高效化的关键所在。面对新时代背景下思政工作面临的新挑战、新要求，我们必须从完善工作制度、加强监督考核、推动创新发展三个维度出发，全面优化思政工作的制度体系，为思政工作的深入开展提供坚实的制度保障。

（一）完善工作制度

1.细化工作流程

思政工作涉及面广、任务繁重，为确保各项工作有序进行，必须细化工作流程，明确各级思政工作部门及人员的职责分工。通过制定详细的思政工作流程图、职责说明书等，使每个思政工作者都能清晰了解自己的工作任务、工作流程以及与其他部门的协作关系，从而确保思政工作的高效运转。

2.建立健全管理制度

管理制度是思政工作规范化的核心。应建立健全包括思政工作计划制定、实施、监督、评估等在内的全套管理制度，确保思政工作的每一个环节都有章可循、有据可依。同时，要加强对思政工作者的日常管理，规范其工作行为，提高工作效率和质量。

3.完善考核制度

考核制度是激励思政工作者积极工作、提升工作质量的有效手段。应建立科学、合理、全面的思政工作考核制度，明确考核标准、考核方法和考核周期。通过定期考核，对思政工作者的工作表现进行客观评价，并将考核结果与奖惩、晋升等挂钩，从而激发思政工作者的工作动力和积极性。

4.建立反馈机制

反馈机制是思政工作制度体系中的重要环节。应建立有效的反馈机制，及时收集思政工作者、学生及其他相关人员的意见和建议，对思政工作进行持续改进和优化。通过定期召开思政工作座谈会、开展问卷调查等方式，广泛听取各方意见，确保思政工作制度体系能够不断适应新形势、新任务的要求。

（二）加强监督考核

1.建立多层次监督体系

监督是确保思政工作质量和效果的关键。应建立包括上级监督、同级监督、自我监督以及学生监督在内的多层次监督体系，实现对思政工作的全面覆盖。通过定期检查、随机抽查、专项督查等方式，对思政工作的实施情况进行全面监督，确保各项制度得到有效执行。

2.强化考核结果的运用

考核结果的运用是监督考核的重要环节。应将考核结果与思政工作者的奖惩、晋升、培训等紧密挂钩，形成有效的激励机制。对于考核优秀的思政工作者，应给予表彰和奖励，为其提供更多的发展机会和资源；对于考核不合格的思政工作者，应及时进行提醒和帮扶，促进其改进和提升。

3.建立问题整改机制

在监督考核过程中，难免会发现一些问题。为确保问题得到及时解决，应建立问题整改机制。对于发现的问题，应明确整改责任人和整改时限，制定详细的整改措施和方案。同时，要加强对整改情况的跟踪和督促，确保问题得到彻底解决。

4.加强信息公开与透明度

信息公开与透明度是提升思政工作公信力和满意度的重要途径。应加强与社会的沟通与联系，及时公开思政工作的相关信息和成果，接受社会的监督和评价。通过设立意见箱、开通热线电话等方式，广泛收集社会各界的意见和建议，不断改进和优化思政工作。

（三）推动创新发展

1.鼓励创新思维，培育创新文化

创新是思政工作发展的不竭动力。应鼓励思政工作者树立创新思维，勇于尝试新的工作模式和方法。同时，要培育创新文化，营造鼓励创新、宽容失败的良好氛围。通过举办创新论坛、开展创新培训等方式，激发思政工作者的创新热情和创造力。

2.设立创新项目，提供资金支持

为支持思政工作的创新发展，可以设立专门的创新项目，为思政工作者提供资金支持和资源保障。通过设立创新基金、开展创新大赛等方式，鼓励思政工作者积极申报创新项目，探索和实践新的思政工作模式和方法。同时，要加强对创新项目的跟踪和管理，确保项目能够顺利实施并取得实效。

3.加强交流合作，借鉴先进经验

交流合作是推动思政工作创新发展的重要途径。应加强与其他高校、企事业单位以及社会组织的交流合作，借鉴其先进的思政工作经验和做法。通过举办思政工作交流会、研讨会等方式，促进思政工作者之间的交流与互动，共同推动思政工作的创新发展。

4.注重成果转化，推广创新成果

创新成果的转化和推广是推动思政工作创新发展的关键环节。应加强对创新成果的宣传和推广力度，通过举办成果展示会、编写案例集等方式，将创新成果及时转化为实际的思政工作成果。同时，要加强对创新成果的保护和管理，确保创新成果能够得到合理、有效的利用和推广。

第四节　思政教育的话语变革

在当今社会，思想政治教育作为培养人们正确世界观、人生观和价值观的重要途径，其话语体系与表达方式正经历着深刻的变革。这种变革旨在使思政教育更加贴近时代、贴近实际、贴近学生，从而提高教育的针对性和实效性。

一、话语体系的创新

话语体系是思政教育的重要载体，它直接关乎思政教育的传播效果与学生的接受程度。面对传统话语体系存在的局限性，我们必须积极探索和创新，构建一种更加贴近时代、贴近学生、贴近实际的新型话语体系，以激活思政教育的生命力，提升其针对性和实效性。

（一）传统话语体系的局限性剖析

1.理论灌输的单一性

传统思政教育话语体系往往侧重于理论知识的传授和灌输，这种单一的教学方式容易使学生感到枯燥乏味，难以激发学生的学习兴趣和主动性。而且，这种话语体系往往过于强调理论的完整性和系统性，却忽视了学生个体差异和实际需求，导致思政教育内容难以真正触及学生的内心深处，难以产生深刻的共鸣。

2.时代感的缺失

随着社会的快速发展和变化，当代学生的思想观念、价值取向和行为方式也在发生着深刻的变化。然而，传统话语体系往往滞后于时代的发展，缺乏对新事物、新现象、新问题的及时回应和深刻剖析。这种时代感的缺失使思政教育难以与学生产生共鸣，难以引导学生正确认识和应对复杂多变的社会现实。

3.现实关怀的不足

传统话语体系往往过于注重理论层面的探讨和阐述，却忽视了对学生现实生活的关怀和关注。这种脱离实际的话语体系难以解决学生在学习和生活中遇到的实际问题，难以为学生提供有效的指导和帮助。因此，学生往往对思政教育产生抵触情绪，认为其空洞无物、缺乏实际意义。

4.表达方式的刻板性

传统话语体系在表达方式上往往过于刻板、单一，缺乏生动性和趣味性。这种刻板的话语表达方式难以吸引学生的注意力和兴趣，难以激发学生的思考和探究欲望。而且，这种表达方式往往容易引发学生的逆反心理，使思政教育效果大打折扣。

（二）创新话语体系的构建策略

针对传统话语体系的局限性，我们需要从时代性、学生主体性、实践性和开放性四个维度出发，构建一种新型的创新话语体系，以激活思政教育的生命力。

1.时代性原则

融入时代元素。创新话语体系应紧密结合时代发展的脉搏，将最新的社会热点、时事政治、文化现象等融入思政教育内容中，使思政教育更加贴近现实、贴近生活、贴近学生。

更新话语内容。随着时代的发展，一些传统的思政教育理念和话语表达方式可能已经过时或不再适用。因此，我们需要不断更新和完善话语内容，确保其始终与时俱进，反映社会的最新发展和进步。

引导时代思潮。创新话语体系不仅要反映时代，更要引领时代。通过深入剖析社会现象背后的本质和规律，引导学生正确认识和理解时代发展趋势，培养学生的历史责任感和时代使命感。

2.学生主体性原则

以学生为中心。创新话语体系应以学生为中心，关注学生的实际需求和发展规律。通过深入了解学生的兴趣爱好、思想动态和行为习惯，制定更加符合学生特点的教学计划和话语表达方式。

尊重个性差异。每个学生都是独一无二的个体，他们有着不同的性格、兴趣和能力。创新话语体系应充分尊重学生的个性差异，提供多样化的教学资源和话语选择，以满足不同学生的需求。

激发主体潜能。通过构建平等、互动、开放的话语环境，激发学生的参与热情和创造力。鼓励学生积极表达自己的观点和看法，引导他们进行深入的思考和探究，从而培养学生的批判性思维和创新能力。

3.实践性原则

注重实践体验。创新话语体系应注重理论与实践的结合，通过组织丰富多样的实践活动和志愿服务等，帮助学生将所学知识转化为实际行动。这种实践体验不仅能够加深学生对理论知识的理解和掌握，还能够培养学生的社会责任感和实践能力。

强化实践指导。在实践活动中，教师应给予学生必要的指导和帮助，引导他们正确认识和应对实践中的问题和挑战。同时，还要鼓励学生进行自我反思和总结，不断提升自己的实践能力和综合素质。

评估实践效果。为了确保实践活动的有效性，我们需要对实践效果进行评估和反馈。通过收集学生的反馈意见、观察学生的行为表现以及分析实践活动的成果等方式，对实践效果进行客观评价，并据此对话语体系进行进一步优化和完善。

4.开放性原则

打破思维束缚。创新话语体系应打破传统思维的束缚和限制，勇于尝试新的教学理念和方法。通过引入其他学科领域的有益成果和经验做法，为思政教育注入新的思想和观点。

吸收多元文化。在全球化背景下，多元文化已经成为不可逆转的趋势。创新话语体系应积极吸收和借鉴不同文化的精髓和智慧，通过跨文化交流和比较研究等方式，拓宽学生的国际视野和文化素养。

促进话语创新。鼓励思政工作者和学生在话语表达上进行创新和尝试，打破传统的刻板印象和固定模式。通过运用生动有趣的语言、形象直观的图表以及富有感染力的故事等方式，增强思政教育的吸引力和感染力。

二、话语表达方式的改进

思政教育作为培养学生思想道德素质、塑造正确价值观的重要途径，其话语表达方式的优劣直接关系到教育效果的成败。在新时代背景下，面对日益多元化的学生群体和复杂多变的社会环境，传统的话语表达方式已难以满足思政教育的需求。因此，我们必须积极探索和改进话语表达方式，以提升思政教育的魅力与实效。

（一）话语表达方式的重要性

话语表达方式不仅是思政教育信息传递的载体，更是情感沟通、思想碰撞的桥梁，其重要性主要体现在以下几个方面：

1.影响教育效果的关键

话语表达方式直接影响学生对思政教育内容的接受程度和兴趣度。生动、形象、富有感染力的表达方式能够迅速抓住学生的注意力，激发他们的学习兴趣，使思政教育内容更加深入人心。相反，枯燥、乏味、脱离实际的表达方式则可能导致学生产生抵触情绪，甚至对思政教育产生反感，从而严重影响教育效果。

2.塑造教育形象的窗口

教师的话语表达方式也是其教育形象的重要体现。一个善于运用恰当、得体的话语表达方式的教师，往往能够给学生留下深刻而良好的印象，从而增强学生对教师的信任和尊重。这种信任和尊重是思政教育得以顺利进行的重要基础。

3.促进师生情感交流的纽带

思政教育不仅仅是知识的传授，更是情感的交流和心灵的沟通。通过恰当的话语表达方式，教师可以更好地了解学生的内心世界，关注学生的情感需求，从而建立起师生之间的深厚情感纽带。这种情感纽带不仅能够增强思政教育的感染力，还能够促进学生的全面发展。

（二）改进话语表达方式的策略

针对传统话语表达方式的局限性，我们需要从多个维度出发，积极探索和改进话语表达方式，以提升思政教育的魅力与实效，具体策略如下：

1.增强话语感染力

教师应尽量使用学生熟悉、易懂的语言来阐述思政教育内容，避免使用过于专业或晦涩的词汇。通过运用通俗易懂的语言，使思政教育更加贴近学生的生活实际，增强学生的亲切感和认同感。

在思政教育过程中，教师应积极引入生动有趣的案例来佐证理论观点。这些案例可以是历史上的经典故事、现实生活中的真实事件或社会热点话题等。通过讲述这些案例，教师可以使抽象的理论知识变得具体可感，从而增强学生的理解和记忆。

教师还可以运用比喻、拟人、排比等修辞手法来增强话语的感染力。这些修辞手法能够使话语更加生动形象、富有节奏感，从而激发学生的学习兴趣和想象力。

2.提高教育趣味性

探索创新的教学方法，如小组讨论、角色扮演、情景模拟等，使学生更加积极地参与思政教育活动，提高他们的主体性和能动性。通过亲身体验和互动交流，学生能够更深刻地理解和领悟思政教育的内容。

借助多媒体、网络等现代信息技术手段来丰富话语的表达形式和传播途径。通过制作精美的课件、播放相关的视频资料或音频素材等方式，教师可以使思政教育更加直观形象、生动有趣。同时，这些技术手段还能够打破时间和空间的限制，实现远程教育和资源共享。

组织学生参加社会调查、志愿服务、参观访问等实践活动，使学生将所学知识应用于实际生活中，增强学生的实践能力。通过实践活动中的亲身体验和感悟，学生能够更深刻地理解思政教育的意义和价值。

3.增强教育温度

教师应时刻关注学生的情感需求和内心世界。通过倾听学生的心声、了解他们的成长困惑和烦恼等方式，教师可以更好地把握学生的思想动态和心理状态。这种倾听不仅是对学生的尊重和关心，也是思政教育得以深入进行的重要前提。

思政教育不仅仅是道德知识的传授，更是对学生全面发展的关注和引导。教师应关注学生的学业成绩、兴趣爱好、人际交往等多个方面，通过话语表达方式传递出对学生的全面关怀和期望。这种关怀和期望能够激励学生积极向上、努力进取，从而实现自我价值的提升。

在话语表达中融入人文关怀的元素，如关心学生的身心健康、关注学生的成长历程、尊重学生的个性和差异等。这种人文关怀不仅能够使学生感受到教师的温暖和关爱，还能够激发他们的自我认同感和归属感。通过人文关怀的融入，思政教育能够更加贴近学生的心灵和生活实际，从而增强其感染力和实效性。

4.提升教育水平

高校应加强对教师语言表达能力的培训和提高工作。通过组织定期的语言训练课程、开展语言表达技巧讲座等方式，帮助教师掌握有效的沟通技巧和表达方法。同时，还可以鼓励教师参加相关的语言比赛或活动，以锻炼和提高他们的语言表达能力。

高校可以定期组织教学观摩和交流活动，让教师之间互相学习、互相借鉴。通过观摩其他教师的优秀课堂表现和学习他们的先进经验做法，教师可以不断提升自己的教学水平和语言表达能力。同时，在交流过程中，教师还可以就教学中遇到的问题和困惑进行深入的探讨和交流，共同寻找解决方案和改进措施。

高校应建立完善的评价体系和激励机制来评估教师的教学效果。通过制定明确的评价标准和指标、定期开展教学评估和反馈等方式，对教师的语言表达能力进行客观、全面的评价。同时，对于表现优秀的教师应给予适当的奖励和表彰，以激发他们的工作热情和积极性。这种评价体系和激励机制的建立不仅能够促进教师不断提升自己的语言表达能力，还能够推动思政教育的不断创新和发展。

第五节　思政教育的内容创新

在当今信息化、多元化的时代背景下，思政教育的内容创新显得尤为重要。传统的思政教育内容已经无法满足现代学生的需求，因此我们需要从内容上进行革新，使其更加贴近时代、贴近学生，从而提高思政教育的针对性和实效性。

一、结合时事热点的内容更新

在信息化、全球化的今天，时事热点以其独特的时效性、广泛的社会影响力和深刻的时代烙印，成为思政教育不可或缺的重要资源。将时事热点融入思政教育，不仅能够使教育内容更加鲜活、生动，还能有效激发学生的思考热情，培养他们的社会责任感和历史使命感。为此，我们需要建立一套完善的时事热点筛选、解读与内容更新机制，以确保思政教育的时代性和针对性。

（一）时事热点筛选与解读

时事热点作为思政教育的重要素材，其筛选与解读是内容更新的首要环节。这一环节的工作直接关系到思政教育内容的时效性和教育价值。因此，我们需要从以下几个方面着手，确保时事热点的有效筛选与深入解读。

1.明确筛选标准，确保教育价值

时事热点应具有鲜明的时代特征，反映当前社会、政治、经济、文化等领域的最新动态。选择近期发生的热点事件，能够使学生感受到思政教育与时代脉搏的紧密相连。

筛选的时事热点应蕴含积极的教育价值，能够引导学生树立正确的世界观、人生观和价值观。避免选择那些可能引发负面情绪或价值观冲突的事件。

选择的热点事件应具有一定的社会影响力，能够引发广泛的社会关注和讨论。这样的事件更容易激发学生的学习兴趣和思考热情。

2.多渠道搜集，确保信息全面

关注官方媒体（如新华社、《人民日报》等）的报道，获取权威、准确的信息来源。

利用社交媒体平台（如微博、微信等）的热点话题和趋势，捕捉年轻群体的关注焦点。

参考学术研究机构的报告和论文，获取对时事热点的深入分析和解读。

3.深入解读，挖掘教育内涵

对时事热点进行背景介绍，帮助学生了解事件的起因、发展过程和当前状态。

深入挖掘事件背后的社会意义和价值观念，引导学生思考事件对个人、社会乃至国家的影响。

鼓励学生从多个角度（如政治、经济、文化等）分析事件，培养他们的批判性思维和综合分析能力。

4.情感引导，激发共鸣

通过讲述时事热点中的感人故事或人物事迹，激发学生的情感共鸣，增强思政教育的感染力。

提炼事件中的道德元素，引导学生反思个人行为，提升他们的道德境界。

（二）内容更新机制与流程

为了确保思政教育内容的时效性和针对性，我们需要建立一套完善的内容更新机制与流程。这一机制应涵盖时事热点的筛选、解读、内容编制、审核、发布以及反馈等多个环节，形成闭环管理。

1.建立专门团队

成立由思政教师、时事评论员、信息技术人员等组成的专门团队，负责时事热点的筛选、解读和内容更新工作。

团队成员应分工明确，各司其职。思政教师负责提供教育视角和解读方向；时事评论员负责提供深入的热点分析；信息技术人员负责技术支持和内容发布。

2.制定规范流程

热点筛选：团队成员定期搜集时事热点，根据筛选标准进行初步筛选。

深入解读：对筛选出的热点事件进行深入解读，提炼教育价值，形成初步的教育内容。

内容编制：根据教育目标和教学需求，将解读内容编制成适合思政课堂教学的教案或课件。

审核把关：由思政教学主管或专家对编制的内容进行审核，确保内容的准确性、教育性和时效性。

发布更新：审核通过后的内容通过学校网站、教学平台等渠道及时发布给学生。

3.建立反馈机制

通过问卷调查、课堂讨论等方式收集学生对时事热点融入思政教育的反馈意见，了解他们的学习需求和兴趣点。

鼓励思政教师在教学过程中收集学生的反应和意见，及时调整教学策略和内容。

根据学生和教师的反馈意见，对时事热点的筛选、解读和内容编制进行持续改进和优化，确保思政教育内容的时效性和针对性。

4.加强技术研发

利用多媒体技术将时事热点以图文、视频等形式呈现给学生，增强教学的直观性和吸引力。

通过在线教学平台或社交媒体与学生进行实时互动，解答他们的疑问和困惑，提升教学效果。

运用大数据分析技术对学生的反馈意见和学习行为进行分析，为内容更新和教学策略调整提供科学依据。

通过结合时事热点进行内容更新，思政教育不仅能够紧跟时代步伐，反映社会现实，还能够激发学生的学习兴趣和思考热情。同时，这种创新方式还有助于培养学生的社会责任感和历史使命感，使他们成为具有时代担当和家国情怀的新时代青年。因此，我们需要不断完善时事热点筛选与解读的内容更新机制与流程，为思政教育注入源源不断的时代活力。

二、融入新媒体元素的内容设计

在信息技术飞速发展的今天，新媒体元素以其独特的互动性、即时性和多样性，为思政教育带来了前所未有的机遇。将新媒体元素融入思政教育内容设计，不仅能够丰富教学手段，提升教学效果，还能激发学生的学习兴趣，培养他们的创新思维和实践能力。为此，我们需要深入探索新媒体元素的特点与优势，并采取有效措施实现其与思政教育内容的有机融合。

（一）新媒体元素的特点与优势

新媒体元素作为思政教育的新载体，具有诸多传统教学手段无法比拟的特点和优势。这些特点和优势为思政教育的创新提供了有力支撑。

1.互动性增强教学参与

新媒体平台（如微博、微信、抖音等）支持师生之间的双向交流，学生可以随时发表观点、提问，教师也能及时给予反馈，形成良性互动。通过新媒体，学生可以组建学习小组，进行在线协作，共同完成任务，培养团队合作精神。

2.即时性提升教学效率

新媒体信息传播速度快，能够迅速将最新的时政资讯、教育理念等传递给师生，保持思政教育的时效性。通过新媒体，教师可以快速收集学生的学习反馈，及时调整教学策略，提高教学效率。

3.多样性丰富教学资源

新媒体支持文本、图像、音频、视频等多种媒体形式，汇聚了全球各地的信息，为思政教育提供了丰富的教学资源，有助于拓展学生的视野。

4.个性化满足学习需求

新媒体技术可以根据学生的学习习惯、兴趣偏好等，为他们提供个性化的学习资源和路径。新媒体平台提供了丰富的自学资源，学生可以根据自己的需求和时间，自主选择学习内容，实现自主学习。

（二）内容设计与新媒体元素的融合

将新媒体元素融入思政教育内容设计，是实现思政教育创新的关键。我们需要从以下几个方面着手，推动新媒体元素与思政教育内容的深度融合。

1.构建新媒体教学平台

根据学校实际情况和学生需求，选择适合的新媒体教学平台，如微博、微信公众号、抖音号等。完善平台功能，如在线直播、互动问答、资源共享等，为师生提供便捷的教学和学习环境。

2.创新新媒体教学内容

利用新媒体平台整合国内外优质的思政教育资源，如时政新闻、专家讲座、历史纪录片等。鼓励教师和学生结合时事热点和校园生活，创作原创的思政教育内容，如微电影、短视频、图文故事等。

3.实施新媒体教学方法

将线上新媒体教学与线下课堂教学相结合，形成混合式教学模式，提高教学效果。利用新媒体平台提前发布学习任务和资料，让学生在课外自主学习，课堂上则进行深度讨论和实践操作。

4.加强新媒体技术支撑

通过培训、研讨等方式，提升教师运用新媒体技术的能力，使他们能够熟练运用新媒体进行教学设计和实施。加强学校新媒体技术设施建设，如升级网络设备、配备先进的教学设备，为新媒体教学提供有力支撑。

5.建立新媒体教学评价体系

结合新媒体教学的特点，建立多元化的评价体系，包括学生自评、互评、教师评价以及平台数据评价等。定期收集师生对新媒体教学的反馈意见，分析教学效果，及时调整教学策略和方法，不断优化新媒体教学内容设计。

6.强化新媒体素养教育

将新媒体素养教育纳入思政课程体系，培养学生正确使用新媒体、辨别信息真伪的能力。通过思政教育引导学生健康、理性地使用新媒体，避免沉迷网络、传播不实信息等问题的发生。

通过融入新媒体元素，思政教育可以打破传统教学的时空限制，实现教学方式的多样化和个性化。同时，新媒体元素的互动性和即时性也能够激发学生的学习兴趣和参与度，提升思政教育的针对性和实效性。因此，我们需要不断探索和实践新媒体元素与思政教育内容的融合方式，为思政教育插上创新的翅膀，推动其不断向前发展。

第五章　新媒体时代高校思政教育的融合创新

第一节　高校思政教育与网络的融合

一、网络思政教育的实践探索

随着信息技术的日新月异，网络已成为当代大学生获取信息、交流思想、表达情感的重要平台。网络思政教育，作为传统思政教育在网络空间的延伸和拓展，正逐渐成为高校思想政治教育的重要组成部分。面对网络环境带来的机遇与挑战，高校不断探索和实践，以期在网络空间中构建有效的思政教育体系。

（一）网络思政教育的现状与挑战

网络思政教育，作为新时代思政教育的新形态，其发展现状与挑战并存，呈现出复杂多变的态势。

1.教育内容丰富多样，但碎片化问题突出

网络思政教育借助互联网的海量资源，教育内容涵盖了政治理论、时事热点、道德伦理等多个方面，满足了学生多样化的学习需求。然而，网络信息的碎片化特征也导致思政教育内容呈现出零散、不系统的状态，难以形成完整的知识体系，影响了教育效果的深度和广度。

2.教育形式新颖活泼，但教育效果难以评估

网络思政教育充分利用了多媒体、交互性等网络特性，通过图文、视频、动画等多种形式呈现教育内容，增强了教育的趣味性和吸引力。网络环境的开放性和匿名性使教育效果的评估变得困难。学生的参与度、学习成果等难以通过传统的方式进行准确测量，给教育效果的反馈和改进带来了挑战。

3.网络环境复杂多变，给学生思想观念带来冲击

网络空间中各种思潮和观点交织碰撞，既有积极正面的信息，也有消极负面的内容。这些信息对学生的思想观念产生了深刻影响，可能导致学生价值观的混乱和迷茫。

网络空间的匿名性和虚拟性降低了人们的道德约束感，容易引发学生的道德失范行为，如网络欺凌、造谣传谣等，给思政教育带来了更大的挑战。

4.传统思政教育方式与网络环境脱节

传统的思政教育方式往往注重课堂讲授和理论灌输，忽视了学生在网络空间中的主体性和互动性需求。

这种滞后性导致传统思政教育方式难以适应网络环境的快速变化，无法有效引导学生在网络空间中树立正确的价值观念和道德标准。

（二）实践探索的路径与成果

面对网络思政教育的现状与挑战，高校积极寻求创新路径，通过构建网络平台、融合网络技术、加强师生互动等方式，不断探索和实践网络思政教育的新模式。

1.构建专用网络平台，整合优质教育资源

高校纷纷建立专门的思政教育网络平台，如思政网站、微信公众号、在

线学习系统等，为学生提供一个集中、便捷的学习渠道。这些平台整合了校内外优质的思政教育资源，包括专家讲座、精品课程、时事评论等，形成了丰富多样的教育内容库。学生可以随时随地进行学习，实现了教育资源的共享和优化配置。同时，平台还提供了学习进度跟踪、在线测试等功能，帮助学生更好地掌握学习内容和效果。

2.融合网络技术，创新教育方式方法

高校利用大数据分析技术，对学生的网络行为、学习需求、思想动态等进行深入挖掘和分析，为个性化教育提供数据支持。通过数据分析，教师可以更加准确地了解学生的学习状况和问题所在，从而制定更加针对性的教学策略。

借助虚拟现实技术，高校模拟出真实的历史场景、社会现象等，让学生在沉浸式体验中深化对思政知识的理解。这种身临其境的学习方式不仅增强了教育的直观性和感染力，还激发了学生的学习兴趣和参与度。

网络思政教育还注重互动式学习方式的运用。通过在线讨论、小组合作、角色扮演等形式，学生可以在网络空间中与他人进行交流和合作，共同解决问题和完成任务。这种互动式学习方式不仅培养了学生的团队协作能力和沟通能力，还促进了学生之间的思想碰撞和观点交流。

3.加强师生网络互动，营造良好育人氛围

高校鼓励教师在网络平台上与学生进行互动和交流，及时解答学生的疑问和困惑，引导学生正确看待和处理网络中的各种问题。这种师生互动不仅增强了师生之间的情感联系和信任感，还为学生提供了更加及时和有效的指导帮助。

高校还通过组织线上主题活动的方式，如网络知识竞赛、主题征文比赛、线上讲座等，吸引学生参与其中，营造积极向上的网络育人氛围。这些活动不仅丰富了学生的课余生活，还让学生在参与中受到了潜移默化的思政教育影响。

此外，高校还注重网络文化的建设，通过打造具有学校特色的网络文化品牌、举办网络文化节等活动，引导学生树立正确的网络价值观和道德观。这些举措不仅提升了学生的网络素养和审美能力，还促进了校园网络文化的健康发展。

4.完善评估机制，确保教育效果

为了确保网络思政教育的效果，高校需要建立完善的评估机制。通过制定明确的评估标准和指标，对网络思政教育的实施过程、教育效果等进行全面评估。

评估方法应多元化，包括学生自评、互评、教师评价以及基于数据分析的客观评价等。通过综合运用多种评估方法，可以更加全面、客观地反映网络思政教育的实际效果。

根据评估结果，高校需要及时调整和优化网络思政教育的策略和方法，确保教育效果的不断提升。同时，还应建立反馈机制，鼓励学生和教师提出意见和建议，为网络思政教育的持续改进提供有力支持。

二、网络思政平台的建设与管理

随着信息技术的飞速发展，网络已成为高校思政教育的重要阵地。网络思政平台，作为连接教育者与受教育者的桥梁，其功能定位与管理策略直接关系到思政教育的效果与质量。

（一）网络思政平台的功能定位

在新时代的背景下，网络思政平台作为思政教育的重要载体，其功能定位需紧跟时代步伐，满足学生需求，发挥教育效能。网络思政平台不仅应成为党的理论与政策宣传的主阵地，还应是个性化学习资源的集散地、师生互动交流的互动场以及价值观塑造与引领的新高地。

1.党的理论与政策宣传的主阵地

网络思政平台应充分利用其信息传播速度快、覆盖面广的优势，成为宣传党的理论和路线方针政策的重要窗口。平台需建立高效的信息更新机制，确保党的最新理论成果能够第一时间传递给广大学生。通过图文、视频、音频等多种形式，将抽象的理论知识转化为生动、具体的学习内容，使学生能够轻松理解并接受。同时，平台应严格把关信息来源，确保传播内容的准确性和权威性，避免误导学生。

网络思政平台应邀请党内外专家学者，对党的政策进行深入解读和分析，帮助学生理解政策的背景、目的和意义。解读内容应既注重理论深度，又兼顾通俗易懂，使学生能够全面、准确地把握政策精髓。此外，平台还应鼓励学生参与政策讨论，提出自己的见解和疑问，通过专家与学生的互动，进一步加深对政策的理解和认同。

网络思政平台应通过多种方式培育学生的政治认同感和使命感。平台可以设立专题栏目，介绍党的历史、党的建设和党的成就，让学生更加深入地了解党、认识党、热爱党。同时，平台还应结合国家发展大势和时事热点，引导学生正确认识国家面临的挑战和机遇，激发他们的爱国热情和报国之志。通过理论传播和政策解读，使学生更加坚定地拥护党的领导，积极投身国家建设和发展。

2.个性化学习资源的集散地

网络思政平台应成为汇聚各类思政教育资源的重要平台，整合精品课程、学术讲座、时事评论、案例库等多种资源，涵盖思政教育的各个方面，包括政治理论、道德品质、法律意识、文化素养等，使学生能够全面、系统地学习思政知识。

为了提高学生的学习效率和学习体验，网络思政平台应引入智能化推荐系统。系统应根据学生的学习偏好、学习进度和学习效果，为其推送相关学习资源。通过数据分析和技术手段，实现学习资源的精准匹配和个性化推荐，使学生能够更加高效地利用平台资源进行学习。

网络思政平台应提供灵活多样的学习方式，以满足不同学生的学习需求。平台可以支持在线学习、移动学习、自主学习等多种学习模式，使学生能够随时随地进行学习。同时，平台还应提供丰富的学习工具和学习资源下载功能，方便学生进行自主学习和复习巩固。通过灵活便捷的学习方式，激发学生的学习兴趣和积极性，提高思政教育的实效性。

3.师生互动交流的互动场

网络思政平台应提供在线答疑、讨论区、论坛等功能，为师生提供一个便捷、高效的交流渠道。通过这些功能，学生可以及时向教师请教问题、反馈学习情况，教师可以及时了解学生的学习动态和存在的问题，并进行针对性的指导和帮助。通过师生之间的有效沟通，增进彼此的了解和信任，为思政教育的深入开展奠定坚实基础。

网络思政平台应鼓励师生之间的多样化互动交流。除了在线答疑和讨论区外，平台还可以组织线上讲座、研讨会、辩论赛等活动，为师生提供一个展示自我、交流思想的平台。通过这些活动，学生可以锻炼自己的表达能力、思维能力和团队协作能力，教师可以更好地了解学生的思想动态和价值取向，并进行有针对性的引导和教育。同时，平台还应注重互动交流的深度，鼓励师生就热点问题进行深入探讨和分析，提高学生的思辨能力和解决问题的能力。

网络思政平台应通过互动交流，增进师生之间的情感联结。教师可以通过平台关注学生的学习和生活情况，给予关心和帮助；学生可以通过平台表达对教师的感激和敬意。通过情感联结的建立和深化，使师生之间的关系更加紧密、融洽，为思政教育的顺利开展提供有力保障。

（二）平台建设与管理的策略

随着信息技术的迅猛发展，网络已成为当代大学生获取信息、交流思想、表达情感的重要平台。在此背景下，网络思政平台作为高校思政教育的新阵地，其建设与管理显得尤为重要。为确保网络思政平台的功能得到有效发挥，高校需采取一系列策略，从基础设施建设、内容优化、运营管理到学生引导等多个方面入手，构建稳定、安全、高效、健康的网络思政教育生态系统。

1.完善基础设施建设

硬件是网络思政平台运行的物质基础，其性能直接影响平台的稳定性和用户体验。高校应选择高性能、高可靠性的服务器和网络设备，确保平台能够承载大量用户的并发访问，避免因系统过载而导致的服务中断或数据丢失。同时，应关注硬件设备的可扩展性和升级能力，以便随着用户规模的扩大和技术的进步，能够及时进行扩容和升级，保持平台的持续稳定运行。

高校应加强平台的安全防护体系建设，包括部署防火墙、入侵检测系统、数据加密技术等，形成多层次、立体化的安全防护网。同时，应定期对平台进行安全漏洞扫描和风险评估，及时发现并修复潜在的安全隐患。此外，还应建立健全的应急响应机制，一旦遭遇黑客攻击或病毒侵害，能够迅速启动应急预案，最大限度地减少损失。

高校应建立完善的运维管理体系，包括日常监控、定期维护、数据备份与恢复等。通过实时监控平台运行状态，及时发现并解决异常问题；定期对平台进行维护和升级，确保软件版本的最新性和兼容性；建立数据备份与恢复机制，确保数据的安全性和完整性。此外，还应加强运维人员的培训和管理，提高他们的专业技能和服务意识，确保运维工作的高效进行。

2.优化内容建设

（1）组建专业团队，确保内容质量。内容是网络思政平台的核心。高校应组建由思政教育专家、信息技术人员和学生代表组成的团队，负责平台内容的策划、制作和更新。思政教育专家负责把握内容的政治方向和思想深度，信息技术人员负责内容的呈现形式和技术实现，学生代表则负责提供学生的视角和需求，确保内容既符合思政教育的要求，又能吸引学生的注意力。

（2）注重内容创新，增强吸引力。在内容建设上，高校应注重创新和时效性，结合社会热点和学生关注点，推出具有深度、广度和吸引力的思政教育内容。可以通过开设专题栏目、举办线上讲座、开展互动讨论等方式，引导学生深入思考社会现象和人生哲理，提升他们的思想境界和道德水平。同时，还应关注不同学生的需求和兴趣，提供多样化的内容选择，满足学生的个性化需求。

（3）融合多媒体元素，提升阅读体验。多媒体技术的运用可以大大提升内容的可读性和趣味性。高校应充分利用文字、图片、视频、音频等多种元素，将思政教育内容以更加生动、形象的方式呈现出来。例如，可以通过制作微电影、动画短片、音频故事等形式，将抽象的思政理论转化为具体可感的视听体验，让学生在轻松愉快的氛围中接受思政教育。

3.加强运营管理

（1）制定制度规范，明确管理职责。高效的网络思政平台运营需要完善的制度规范作为支撑，制订详细的管理规章制度，明确各级管理人员的职责和权限，规范平台的使用和管理流程。以制度化管理确保平台运营的规范性、有序性，避免因管理混乱而导致的各种问题。

（2）建立激励机制，激发创新活力。高校应建立有效的激励机制，对在平台建设和运营中表现突出的个人或团队给予表彰，激发大家的积极性和创造力，形成良性竞争的氛围，推动平台不断向更高水平发展。

（3）实施评估改进，持续优化提升。高校应定期对平台进行评估和改进，通过用户反馈、数据分析等方式，了解平台的使用情况和存在的问题。在此基础上，应及时进行调整和优化，包括改进功能设计、优化用户体验、丰富内容资源等。通过持续的评估和改进，可以确保平台始终保持在最佳状态，为用户提供更加优质的服务。

4.营造健康网络环境

（1）加强教育培训，提升网络素养。新生往往对网络思政平台缺乏足够的了解和认识，因此高校应加强对他们的网络思政教育培训，引导他们正确认识网络思政平台的重要性和作用，掌握正确的使用方法和技巧。通过培训，可以帮助学生树立正确的网络观念，提高他们的网络素养和自律能力。

（2）明确行为规范，强化自我管理。为了维护网络思政平台的良好秩序，高校应制定明确的网络行为规范，明确学生在平台上的行为准则和禁止行为。例如，禁止发布违法信息、恶意攻击他人、散布谣言等。同时，还应加强对学生行为的监督和引导，及时发现并处理违规行为。通过强化自我管理，可以营造健康、有序的网络环境。

（3）发挥榜样作用，引领正向风尚。榜样的力量是无穷的。高校可以通过设立榜样人物、优秀案例等方式，引导学生积极参与平台活动，提升思政教育的实效性和影响力。例如，可以评选出在网络思政平台上表现突出的学生或团队，对他们的事迹进行宣传和推广，激励更多学生向他们学习。同时，还可以组织线上线下的交流活动，让学生之间互相学习、互相启发，共同推动网络思政教育的深入发展。

此外，高校还应积极探索与网络媒体、社会机构等的合作，共同构建网络思政教育的生态体系。通过资源共享、优势互补，可以形成合力，共同推动网络思政教育的创新和发展。例如，可以与知名网络媒体合作，共同制作和推广优质的思政教育内容；可以与社会机构合作，开展线下实践活动，将网络思政教育与现实生活紧密结合起来。通过这些合作，可以进一步拓宽网络思政教育的渠道和载体，提升其影响力和覆盖面。

第二节　高校思政教育与美育的融合

一、美育在思政教育中的作用

美育，作为教育体系中不可或缺的一环，其内涵深远、价值独特，尤其在思政教育领域发挥着举足轻重的作用。

（一）美育的内涵与价值

美育，即审美教育，是一种通过艺术这一特殊媒介，培养学生发现美、欣赏美、创造美能力的教育活动。它不仅仅局限于艺术技能的培养，更在于通过艺术活动，引导学生走进美的世界，感受美的魅力，进而陶冶情操，提升精神境界。美育的内涵丰富而深刻，其价值也体现在多个方面。

1.促进个体的全面发展

在应试教育压力下，学生往往过于注重知识的积累和技能的提升，而忽视了情感、想象力和创造力的培养。美育则通过艺术这一特殊形式，为学生提供了一个自由探索、表达自我的空间。在这里，学生可以尽情地挥洒想象，释放情感，从而丰富内心世界，提升生活质量。美育的这种全面性，使它成为促进学生身心健康发展、实现全面素质教育目标的重要手段。

2.培养情感与想象力

艺术作品是情感的载体，它能够通过色彩、线条、旋律等艺术元素，传达出丰富的情感信息。学生在欣赏艺术作品的过程中，会不自觉地受到情感的熏陶，学会感受美、表达美。同时，艺术作品往往留给人无限的想象空间，激发学生的创造力。这种想象力和创造力的培养，对于学生未来的学习和生活都具有重要意义。

3.提升精神境界与审美素养

艺术是人类精神文明的结晶，它蕴含着深刻的人生哲理和审美价值。通过美育，学生可以接触到各种优秀的艺术作品，了解不同文化背景下的审美观念，从而拓宽视野，提升审美水平。更重要的是，美育能够引导学生追求更高的精神境界，培养他们的高尚情操和审美情趣，使他们在面对纷繁复杂的社会现象时，能够保持一颗平静、淡泊的心。

4.促进社会文化传承与创新

艺术作品是文化传承的重要载体，它记录着人类的历史和文化信息。通过美育，学生可以了解和学习传统文化，感受其魅力，从而增强对文化的认同感和归属感。同时，美育也鼓励学生进行艺术创新，激发他们的创造潜能，为文化的繁荣和发展注入新的活力。

（二）美育在思政教育中的功能

美育在思政教育中的功能是多方面的，它不仅能够强化学生的道德意识，还能培养学生的批判性思维，激发学生的爱国情怀，进而促进思政教育的深入开展。

1.强化道德意识

美育通过艺术作品的呈现，使道德观念得以具体化、形象化，从而更容易被学生接受和理解。艺术作品往往蕴含着深刻的道德寓意和人生哲理，学生在欣赏的过程中，会不自觉地受到道德熏陶。例如，通过欣赏英雄人物的艺术形象，学生可以感受到英雄人物的崇高品质和伟大精神，进而激发自己的道德追求。美育的这种道德强化功能，有助于提升学生的道德修养，培养他们的道德情操。

2.培养批判性思维

艺术作品往往是对社会现实的反映和批判，它蕴含着深刻的社会问题和人生哲理。学生在欣赏艺术作品的过程中，需要对作品进行解读和探讨，这就会促使他们进行独立思考，形成自己的见解。美育的这种批判性思维培养功能，有助于学生学会独立思考，不盲目跟风，不随波逐流，形成独立的人格和价值观。

3.激发爱国情怀

美育在激发学生爱国情怀方面也具有独特作用。通过展示中华民族的优秀传统文化和艺术瑰宝，学生可以深切感受到祖国的伟大和民族的自豪。例如，通过欣赏中国古代的山水画、书法、戏曲等艺术作品，学生可以了解到中华民族悠久的历史和灿烂的文化，从而增强对祖国的热爱之情。美育的这种爱国情怀激发功能，有助于培养学生的国家认同感和归属感，增强他们的民族自豪感和自信心。

4.促进思政教育方式的创新

传统的思政教育往往注重知识的传授和灌输，而忽视了学生的主体性和创造性。美育则通过艺术这一特殊形式，为学生提供了一个自由探索、表达自我的空间。在这里，学生可以尽情地挥洒想象，释放情感，从而更加深入地理解和接受思政教育的内容。美育的这种创新性，使思政教育更加生动有趣，更加贴近学生的实际生活，提高了思政教育的实效性和吸引力。

5.促进学生的心理健康发展

艺术作品具有疗愈心灵的作用，能够帮助学生释放压力、缓解焦虑、调节情绪。在思政教育中融入美育元素，可以帮助学生更好地应对学习和生活中的挑战和压力，保持积极向上的心态。

二、美育与思政教育的结合路径

美育与思政教育的结合，是新时代教育发展的重要趋势，也是培养德智体美劳全面发展的社会主义建设者和接班人的必然要求。

（一）结合路径的探索与实践

要实现美育与思政教育的有机结合，需要我们从多个方面入手，探索和实践有效的结合路径。

1.课程设置上的融合

课程设置是美育与思政教育结合的基础。为了实现两者的有机融合，我们需要在课程设计上做足功夫。首先，应将美育课程纳入思政课程体系，确保美育与思政教育在教学内容和时间上的衔接。这不仅可以避免两者之间的割裂，还能使美育成为思政教育的重要补充和延伸。其次，应鼓励教师在思政课程中融入艺术元素，创新教学方式方法。例如，在讲述道德规范、人生价值等思政内容时，可以通过艺术作品、艺术案例来阐释和论证，使学生在欣赏艺术的同时，深刻理解思政教育的内涵。

在具体的课程实施中，可以开设跨学科的美育与思政教育融合课程，如"艺术与人生""美学与道德"等，通过跨学科的教学，使学生能够在艺术的熏陶下，更好地理解思政教育的精髓。同时，还可以利用现代信息技术手段，开发美育与思政教育相结合的在线课程，为学生提供更加便捷、灵活的学习方式。

2.实践活动上的结合

实践活动是美育与思政教育结合的重要途径。通过丰富多彩的校园文化艺术活动，可以让学生在参与中感受艺术的魅力，提升审美情趣。例如，可以定期举办书画展、音乐会、戏剧表演等艺术活动，让学生亲身接触和体验艺术，激发他们的艺术兴趣和创造力。同时，这些活动也可以成为思政教育的重要载体，通过艺术的形式传递正能量，引导学生树立正确的价值观和人生观。

此外，还可以组织学生参加社会实践活动，如志愿服务、文化下乡等。这些活动不仅可以让学生走出校园，接触社会，增强社会责任感，还能在实践中体验社会美、自然美，提升他们的审美能力和道德素养。通过这些实践活动，美育与思政教育可以实现真正的融合，共同促进学生的全面发展。

3.师资队伍建设上的协同

师资队伍是美育与思政教育结合的关键。要实现两者的有机结合，需要加强对思政教师和美育教师的培训力度，提高他们的专业素养和教学能力。首先，应定期组织教师参加专业培训和学习交流活动，使他们能够不断更新教育理念和教学方法，更好地适应美育与思政教育结合的需求。其次，应鼓励思政教师和美育教师之间的交流与合作，共同探索美育与思政教育的融合之道。通过互相学习、互相借鉴，可以形成更加完善的教学体系和教学方法，提高教学效果。

在师资队伍建设上，还可以考虑建立美育与思政教育相结合的教研团队，通过集体备课、教学研讨等方式，促进两者之间的深度融合。同时，还可以引入外部专家和资源，为师资队伍建设提供有力的支持和保障。

4.校园文化上的渗透

校园文化是美育与思政教育结合的重要环境。通过营造积极向上的校园文化氛围，可以潜移默化地影响学生的审美情趣和道德素养。例如，可以在校园内设置艺术雕塑、文化长廊等艺术景观，让学生在日常学习生活中感受到艺术的熏陶。同时，还可以利用校园广播、校报等媒体平台，宣传美育与思政教育的理念和成果，形成良好的舆论氛围。

此外，还可以开展各种形式的校园文化活动，如艺术节、文化节、读书月等，为学生提供展示自我、交流思想的平台。通过这些活动，不仅可以丰富学生的校园文化生活，还能促进美育与思政教育的深度融合，共同推动校园文化的繁荣发展。

（二）结合效果的评估与反馈

为了确保美育与思政教育的有效结合，高校需要建立一套科学的评估机制来对其效果进行定期检查和反馈，大致分为以下四个关键步骤：

1.制定评估指标

高校需要根据美育和思政教育的目标要求，制定具体的评估指标。例如，可以制定学生的审美情趣提升情况、道德意识强化情况、批判性思维能力提高情况等指标。这些指标应该具有可操作性、可测量性，能够真实反映美育与思政教育结合的效果。

在制定评估指标时，还需要充分考虑学生的个体差异和实际情况，确保指标的合理性和公平性。同时，还可以借鉴国内外先进的评估经验和做法，不断完善评估指标体系。

2.收集数据和信息

数据和信息是评估美育与思政教育结合效果的重要依据。我们需要通过问卷调查、访谈、观察等多种方式收集数据和信息。例如，可以定期对学生进行问卷调查，了解他们对美育与思政教育结合效果的感受和看法；可以通过访谈教师和教学管理人员，了解他们在教学实践中的经验和问题；可以通过观察学生的课堂表现和活动参与情况，了解他们的审美情趣和道德素养的提升情况。

在收集数据和信息时，需要确保数据的真实性和可靠性。同时，还需要注意保护学生的隐私和权益，避免对他们造成不必要的干扰和影响。

3.进行客观评价

客观评价是评估美育与思政教育结合效果的关键。我们需要根据收集到的数据和信息，对美育与思政教育的结合效果进行客观评价。评价时应该充分考虑评估指标的要求和学生的实际情况，避免主观臆断和片面评价。同时，还需要注意评价结果的反馈和应用。评价结果不仅可以作为改进教学工作和提高教育质量的重要依据之一，还可以作为学校制定发展规划和政策措施的重要参考。

4.调整教学策略和活动安排

根据评估结果及时调整教学策略和活动安排是确保美育与思政教育始终保持在最佳结合状态的重要保障。我们需要根据评价结果，认真分析美育与思政教育结合中存在的问题和不足，及时调整教学策略和活动安排。例如，可以针对学生在审美情趣提升方面的薄弱环节，加强艺术欣赏和创作的教学；可以针对学生在道德意识强化方面的不足，加强思政教育的针对性和实效性；可以针对学生在批判性思维能力提高方面的需求，创新教学方式方法，引导学生进行深入思考和分析。

在调整教学策略和活动安排时，还需要充分考虑学生的需求和兴趣，确保教学活动的吸引力和有效性。同时，还需要加强与教学管理人员和教师的沟通与协作，共同推动美育与思政教育的深度融合和发展。

第三节　高校思政教育与传统文化的融合

一、传统文化在思政教育中的价值

传统文化，作为民族精神的瑰宝与智慧的积淀，其在思政教育中的价值不可小觑。

（一）传统文化的内涵与特点

传统文化，是一个民族在历史长河中不断积淀、传承与创新的文化精髓，它承载着民族的记忆、智慧与梦想。以下是对传统文化内涵与特点的深入剖析：

1.历史性与传承性

传统文化首先具有鲜明的历史性，它是民族在历史发展过程中逐渐形成的，反映了民族在不同历史时期的社会生活、思想观念和价值取向。这种历史性使传统文化成为连接过去与现在的桥梁，让后人能够从中汲取历史的智慧与教训。同时，传统文化还具有强大的传承性，它通过世代相传的方式，使民族的文化基因得以延续，保持了文化的连续性和稳定性。

在中华传统文化中，无论是儒家的仁爱思想的自然观念，还是佛家的慈悲精神，都历经千年传承，至今仍深深影响着中国人的思想行为和价值观念。这种传承性不仅体现在思想文化的延续上，还体现在艺术、科技、习俗等各个方面，共同构成了中华民族丰富多彩的文化宝库。

2.民族性与独特性

传统文化是民族精神的集中体现，具有鲜明的民族性。每个民族都有自己独特的文化传统和风俗习惯，这些传统和习俗构成了民族文化的独特标识。在中华传统文化中，无论是春节的喜庆氛围、中秋的团圆情怀，还是端午的龙舟竞渡，都深深烙印着中华民族的文化印记，体现了中华民族独特的文化特色和审美情趣。

传统文化的独特性还体现在其思想体系的独到之处。例如，儒家强调"仁爱"与"礼治"，这些思想不仅在中国历史上产生了深远影响，也为世界文化的发展贡献了中国智慧。

3.包容性与开放性

传统文化虽然具有鲜明的民族性，但并不意味着它是封闭和排他的。相反，传统文化具有强大的包容性和开放性，它能够在与其他文化的交流与融合中不断丰富和发展自己。在中华传统文化的形成过程中，就不断吸收了周边民族的文化元素。

这种包容性与开放性使传统文化能够与时俱进，不断适应时代发展的需要。在当今全球化的背景下，传统文化的这种特性尤为重要，它为我们与世界其他文化的交流与对话提供了广阔的空间和可能。

4.思想性与实践性

传统文化不仅包含丰富的思想观念，还具有很强的实践性。这些思想观念不仅是对世界和人生的深刻思考，更是指导人们行为实践的准则。例如，儒家强调的"仁爱"思想，不仅是对人际关系的道德要求，更是指导人们如何待人接物的实践指南。

同时，传统文化的实践性还体现在其对社会生活的广泛影响上。无论是婚丧嫁娶的礼仪规范，还是农耕生产的节气安排，都深受传统文化的影响。这种实践性使传统文化成为人们生活不可或缺的一部分，也为其在现代社会中的传承与发展提供了坚实的基础。

（二）传统文化在思政教育中的意义

将传统文化融入高校思政教育，不仅是对传统文化的传承与弘扬，更是对思政教育内容与形式的丰富与创新。

1.提供正确的价值导向

传统文化中蕴含的道德观念和人生哲理，为思政教育提供了丰富的价值资源。这些价值观念，如仁爱、诚信、礼义等，不仅是中华民族的传统美德，也是现代社会公民应具备的基本道德素养。将它们融入思政教育，可以帮助学生树立正确的世界观、人生观和价值观，引导他们成为有理想、有道德、有文化、有纪律的新时代青年。

例如，通过讲述儒家"仁爱"思想，可以引导学生学会关爱他人、尊重生命；通过介绍佛家"慈悲为怀"的精神，可以培养学生慈悲心、宽容心。这些传统价值观念的教育，不仅有助于学生形成良好的道德品质，还能为他们的未来发展奠定坚实的思想基础。

2.丰富精神世界与提升人文素养

传统文化中的艺术形式和审美理念，为学生提供了丰富的精神食粮和审美体验。无论是诗词歌赋的韵味悠长，还是书画艺术的笔墨丹青，都蕴含着深厚的文化底蕴和审美价值。将这些艺术形式融入思政教育，可以让学生在欣赏美的过程中陶冶情操、提升境界，从而丰富他们的精神世界。

同时，传统文化的学习还能提升学生的人文素养。人文素养是指个体对人类文化知识的了解、掌握和运用的能力，以及在此基础上形成的价值观念、审美情趣和思维方式。通过学习传统文化，学生可以更加深入地了解中华民族的历史和文化，增强对民族文化的认同感和自豪感，进而提升他们的人文素养和综合素质。

3.激发探索欲望与创新精神

传统文化中蕴含的科学精神和创新智慧，是激发学生探索欲望和创新精神的重要源泉。在古代中国，无论是四大发明的诞生，还是《周髀算经》等数学著作的问世，都体现了中华民族在科学技术领域的卓越成就和创新精神。将这些科学成就和创新智慧融入思政教育，可以激励学生勇于探索、敢于创新，培养他们的实践能力和社会责任感。

例如，通过讲述古代科学家如张衡、祖冲之等人的故事，可以激发学生对科学的兴趣和热爱；通过介绍古代科技发明如造纸术、印刷术等的原理和影响，可以引导学生思考科技与社会发展的关系；通过组织学生进行传统文化创新实践活动，如设计传统服饰、制作传统手工艺品等，可以锻炼学生的实践能力和创新能力。

4.增强文化自信与民族自豪感

将传统文化融入思政教育，还有助于增强学生的文化自信和民族自豪感。文化自信是一个国家、一个民族发展中更基本、更深沉、更持久的力量。通过学习传统文化，学生可以更加深刻地认识到中华民族文化的博大精深和独特魅力，从而增强对民族文化的自信心和自豪感。

同时，传统文化的传承与发展也是民族凝聚力的重要体现。在思政教育中强调传统文化的价值，可以激发学生的民族认同感和归属感，促进民族团结与进步。这种文化自信和民族自豪感的增强，不仅有助于学生形成积极向上的精神风貌，还能为国家的繁荣富强和民族的伟大复兴提供强大的精神动力。

二、传统文化与思政教育的融合策略

传统文化作为民族精神的瑰宝，与思政教育的融合不仅是时代发展的需要，也是培养新时代青年人才的重要途径。

（一）融合策略的制定与实施

在将传统文化与思政教育相融合的过程中，制定科学合理的融合策略并付诸实施是至关重要的。

1.明确融合目标，构建系统化体系

融合目标的明确是融合策略制定的前提。高校应明确将传统文化融入思政教育的目的，旨在提升学生的文化素养、道德品质和社会责任感，同时传承和弘扬中华优秀传统文化。为此，需要构建一个系统化的融合体系，将传统文化教育纳入思政教育的整体规划之中，确保二者在内容、形式和目标上的一致性。

在构建体系时，可以围绕思政教育的核心要素，如世界观、人生观、价值观等，选取与之相契合的传统文化内容，形成有机的融合体系。例如，通过讲述儒家思想中的"仁爱"观念，引导学生树立关爱他人、和谐共处的世界观。

2.整合教育资源，丰富教学内容

高校应充分挖掘和利用传统文化中的教育资源，将其与思政教育内容紧密结合。这包括经典文献的研读、历史人物故事的讲述、传统艺术形式的欣赏等多个方面。通过整合这些资源，可以使思政教育内容更加丰富多彩、生

动有趣，增强学生的学习兴趣和参与度。

在整合资源时，应注重选取具有代表性的传统文化元素，如古诗词、书法、绘画、音乐等，通过多种形式展现其魅力。同时，还可以邀请专家学者、文化名人等走进校园，开展专题讲座、文化交流等活动，拓宽学生的文化视野，提升他们的文化素养。

3.创新教学方法，提升教学效果

在融合传统文化与思政教育的过程中，创新教学方法是提升教学效果的关键。高校教师应积极探索和实践多样化的教学方法，如案例教学、小组讨论、角色扮演、情景模拟等，让学生在互动和体验中感受传统文化的魅力，加深对思政知识的理解。

例如，在讲述历史事件或人物故事时，可以采用角色扮演的方式，让学生亲自扮演历史人物，通过模拟对话、场景再现等形式，深入体验历史情境，理解人物的思想和行为。这种教学方法不仅能够激发学生的学习兴趣，还能培养他们的表达能力和团队合作精神。

4.加强师资培训，提升教学能力

教师是实施融合策略的主体，他们的文化素养和教学能力直接影响着融合效果的好坏。因此，高校应加强对思政教师的传统文化培训，提升他们的文化素养和教学水平。

培训内容可以包括传统文化的基本知识、文化精髓、传承方式等方面。通过培训，使教师能够深刻理解传统文化的内涵和价值，掌握将其融入思政教育的方法和技巧。同时，还应鼓励教师之间进行交流和研讨，分享教学经验和心得，共同探索融合传统文化与思政教育的有效途径。

（二）融合效果的评估与提升

融合传统文化与思政教育是一个复杂而系统的工程，其效果的评估与提升是确保这一融合过程持续、健康发展的关键环节。

1.建立科学评估机制，确保评估客观性

（1）构建多元化评估体系。高校应构建包含学生学习成果、教师教学效果、课程资源开发利用、校园文化氛围等多个维度的评估体系。每个维度下应设置具体、可衡量的评估指标，如学生的学习成绩、课堂参与度、文化素养提升等；教师的教学设计、课堂互动、学生评价等；课程资源的丰富度、适用性和创新性等；以及校园文化活动中传统文化元素的融入程度等。

（2）采用多样化评估方法。高校应综合运用问卷调查、访谈、观察、测试等多种方法，从不同角度、不同层次收集数据和信息。问卷调查可以覆盖大范围的学生和教师，快速收集大量数据；访谈则可以深入了解个体经验和感受，获取更深层次的反馈；观察和测试则可以直接评估学生的学习效果和教师的教学实践。

（3）注重评估结果的分析与应用。评估不是目的，而是改进和提升的手段。高校应重视对评估结果的分析和解读，通过数据分析找出融合过程中的问题和不足，深入挖掘问题的根源，并提出切实可行的解决方案。同时，评估结果应及时反馈给相关教师和学生，让他们了解融合策略的实施情况和改进方向，从而激发他们参与融合的积极性。

（4）建立持续改进机制。评估机制的建立还应包括一个持续改进的过程。高校应根据评估结果，定期对融合策略进行调整和优化，确保其与时代发展和社会需求保持同步。同时，还应建立跟踪评估机制，对改进措施的实施效果进行持续跟踪和评估，形成闭环管理，不断提升融合效果。

2.及时反馈调整，优化融合策略

（1）建立快速反馈机制。高校应建立一套快速、有效的反馈机制，确保评估结果能够及时、准确地反馈给相关教师和学生。这可以通过定期召开评估反馈会议、发布评估报告、建立在线反馈平台等方式实现。快速反馈机制能够缩短评估与改进之间的时间差，提高融合策略的优化效率。

（2）教师根据反馈调整教学。教师是融合策略的直接实施者，他们的教学调整是优化融合策略的关键。教师应根据评估反馈，及时调整教学方法和内容，以满足学生的需求和期望。例如，针对学生学习兴趣不高的问题，教师可以采用更加生动有趣的教学方式，如案例教学、小组讨论等；针对学生文化素养提升不明显的问题，教师可以增加传统文化知识的讲解和实践活动等。

（3）更新和丰富教育资源。高校应根据社会发展和时代变化的要求，不断更新和丰富传统文化教育资源。这包括收集最新的传统文化研究成果、开发新的教学案例和实践活动、引入新的教学技术和工具等。通过更新和丰富教育资源，可以保持融合策略的新鲜感和吸引力，增强学生的参与度和学习效果。

（4）增强思政教育的时效性。结合当前社会热点和时事政治，选取相关的传统文化内容进行讲解和讨论，是增强思政教育时效性的有效途径。高校应鼓励教师将传统文化与现实生活相结合，引导学生从传统文化的角度思考和分析当前社会问题，培养他们的历史责任感和时代使命感。

3.总结推广经验，推动融合深化

（1）总结校内成功经验。高校应定期对本校在融合传统文化与思政教育方面的成功经验进行总结和梳理。这包括成功的教学案例、有效的实践活动、创新的教学方法等。通过总结校内成功经验，可以为本校思政教育的改革创新提供借鉴和参考，同时也可以为其他高校提供有益的启示。

（2）推广校外先进经验。除了总结校内经验外，高校还应积极关注和推广校外的先进经验。这可以通过参加学术交流会议、参观考察其他高校、阅读相关学术论文等方式实现。推广校外先进经验可以拓宽高校的视野和思路，为融合传统文化与思政教育提供更多的可能性和创新点。

（3）搭建经验交流平台。为了促进不同高校之间的交流与合作，高校可以搭建经验交流平台，如召开经验交流会、建立在线交流群等。通过经验交流平台，各高校可以分享自己的成功经验和创新做法，相互学习和借鉴，共同推动传统文化与思政教育的深度融合。

（4）出版学术成果与教材。将融合传统文化与思政教育的成功经验和实践案例整理成学术成果或教材，是推广经验的重要途径。高校可以鼓励教师撰写相关论文、专著或教材，并通过正规渠道出版或发表。这些学术成果和教材不仅可以为本校师生提供学习资源，还可以为其他高校提供教学参考和借鉴。

4.建立激励机制，激发教师积极性

（1）设立专项奖励基金。为了激发教师参与融合传统文化与思政教育的积极性，高校可以设立专项奖励基金。对在融合过程中表现突出、取得显著成绩的教师进行表彰和奖励。奖励形式可以是物质奖励，如奖金、奖品等；也可以是精神奖励，如荣誉称号、表彰大会等。

（2）提供职业发展机会。除了物质和精神奖励外，高校还可以为教师提供职业发展机会作为激励手段。例如，优先推荐在融合传统文化与思政教育方面表现优秀的教师参加国内外的学术交流活动、研修班或进修课程；在职称评定、职务晋升等方面给予优先考虑等。这些职业发展机会可以激发教师的职业热情和创造力，促进他们的专业成长和发展。

（3）建立教师评价体系。建立一套科学、公正的教师评价体系是激励教师积极参与融合传统文化与思政教育的重要保障。评价体系应综合考虑教师的教学效果、科研成果、学生评价等多个方面，并注重对教师在融合过程中的贡献和创新的评价。通过评价体系，可以客观、全面地反映教师的工作表现和成就，为他们提供明确的职业发展方向和目标。

（4）营造良好工作氛围。高校应努力营造良好的工作氛围，为教师提供舒适、和谐的工作环境。这包括提供充足的教学资源和设施、建立积极向上的校园文化、加强师生之间的沟通与互动等。良好的工作氛围可以激发教师的归属感和幸福感，增强他们参与融合传统文化与思政教育的积极性和主动性。

参考文献

1. 安麒.以新媒体推动中华优秀传统文化在高校思政育人中的策略探究 [J].大众文艺,2024,（23）:214-216.

2. 仝友鹏.立德树人视域下新媒体短视频在高校思政教育中的应用 [J].湖北开放职业学院学报,2024,37（22）:108-110.

3. 张舒涵,元美花.探讨新媒体时代红色文化资源融入高校思政课 [J].公关世界,2024,（24）:18-20.

4. 白妞.新媒体时代医学类高校网络思政育人的实践路径探索——以上海健康医学院网络思政工作室为例 [J].大学,2024（33）:35-38.

5. 郭娜,金琴.新媒体时代高校网络党史教育品牌建设探究 [J].学校党建与思想教育,2024（22）:78-80.

6. 王三强,许琳玲.新媒体视域下茶文化融入高校思想政治教育路径探析 [J].福建茶叶,2024,46（11）:73-75.

7. 张军.新媒体背景下民办高校党建与思想政治工作:现状、问题与对策 [J].湖北开放职业学院学报,2024,37（21）:123-126.

8. 朱志丹.新媒体视域下高校思政育人工作的推进路径 [J].传播与版权,2024（21）:98-100.

9. 尉涛.新媒体时代高校思政教育与就业指导工作创新融合 [J].中国军转民,2024（20）:142-143.

10. 樊英.数字经济如何驱动高校思政教育数字化创新 [J].山西财经大学学报,2024,46（S2）:299-301.

11. 姜孔亮 . 茶文化视域下高校思政育人功能探析 [J]. 蚕桑茶叶通讯, 2024,（05）: 37-39.

12. 聂鑫 . 新媒体背景下智能算法对高校网络思政教育效果的影响及应对策略研究 [J]. 新闻研究导刊, 2024, 15（20）: 239-243.

13. 陈利红 . 新媒体视域下红色文化资源在高校思政教育中的创新应用路径探究 [J]. 新闻研究导刊, 2024, 15（20）: 212-216.

14. 苏梦然, 洪源 . 新媒体时代高校思政教育评价指标体系的构建 [J]. 科学咨询（教育科研）, 2024（10）: 38-41.

15. 叶恒语, 杨云霞 . 符号互动理论视域下高校"思政网红"身份传播研究 [J]. 青少年学刊, 2024（05）: 42-49.

16. 杜艳婷 . 新媒体对高校思政教育工作的影响及对策研究——以山西旅游职业技术学院为例 [J]. 淮南职业技术学院学报, 2024, 24（05）: 52-54.

17. 裴昉 . 高校网络思政新媒体平台的建设发展研究 [J]. 淮南职业技术学院学报, 2024, 24（05）: 49-51.

18. 刘建峰 . 新媒体时代高校网络思政育人的挑战与对策研究 [J]. 新闻研究导刊, 2024, 15（19）: 222-226.

19. 潘奕诺 . 以新媒体为创新载体推进高校党建与思政工作的实践与探索 [J]. 中国军转民, 2024（18）: 75-77.

20. 向斯楠 . 新媒体时代高校辅导员思政教育融合策略研究 [J]. 佳木斯职业学院学报, 2024, 40（09）: 122-124.

21. 刘衡 . 新媒体时代高校思政教师角色转变与能力提升 [J]. 陕西教育（高教）, 2024（10）: 62-64.

22. 胡艳芝, 李倩 . 新媒体视域下高校党建与思政教育融合的路径研究 [J]. 太原城市职业技术学院学报, 2024（09）: 182-184.

23. 原媛 . 新媒体时代高校辅导员工作策略分析 [J]. 中国报业, 2024（18）: 122-123.

24. 姬志亮, 张璐 . 运用新媒体讲活高校思政课 [J]. 中国报业, 2024（18）: 118-

119.

25. 李紫娟.新媒体技术融入高校思政课教学的改革挑战及其应对策略 [J]. 山西高等学校社会科学学报，2024，36（09）：41-46.

26. 续伟.新媒体时代高校辅导员思政教育工作创新策略探究 [J]. 新闻研究导刊，2024，15（18）：160-164.

27. 宁瑞.新媒体时代高校辅导员网络思政教育工作路径探讨 [J]. 新闻研究导刊，2024，15（18）：165-169.

28. 崔梦殊.网络思政背景下高校共青团新媒体引领力路径探析 [J]. 秦智，2024（09）：41-43.

29. 闫翠芳，王小珍，王书丽.融合新媒体创新高校思政课教学研究 [J]. 大众文艺，2024（17）：112-114.

30. 郑依林.新媒体时代高校思想政治教育现状分析和对策研究 [J]. 产业与科技论坛，2024，23（18）：131-133.

31. 谭强，杨帆，张鑫祥.智媒时代高校思政创新传播与增效路径探赜 [J]. 融媒，2024（09）：14-20.

32. 任文姣.新媒体时代山西红色文化资源融入高校思政教育创新路径探究 [J]. 新闻研究导刊，2024，15（17）：206-210.

33. 孙芳.新媒体视域下高校网络思政教育路径 [J]. 品位·经典，2024（16）：95-97+112.

34. 朱毅萌，张璐.新媒体技术对高校思政教育的模式影响研究 [J]. 新西部，2024（08）：159-161.

35. 李颖.高校思政类微信公众号的建设现状 [J]. 中国军转民，2024（16）：183-184.

36. 夏文福，窦炜博.新媒体时代积极心理学在思政教育中的应用 [J]. 中国报业，2024（16）：82-83.

37. 张梦露.数字教育提升高校思政育人质量的价值、困境与创新方法 [J]. 大学，2024（24）：40-44.

38. 疏淑进，瞿华兵．高校思政类微信公众号信息服务生态系统建构及优化研究 [J]．哈尔滨学院学报，2024，45（08）：122-126.

39. 陈迪蓬．新媒体视域下短视频在高校思政教育中的影响与融入路径 [J]．大众文艺，2024（15）：157-159.

40. 高薇，齐向军．新媒体时代强化高校思政教育话语权的思考 [J]．辽宁经济职业技术学院．辽宁经济管理干部学院学报，2024（04）：119-121.

41. 杜秀娟．新媒体时代中华优秀传统文化与高校思政教育融合路径探究 [J]．新闻研究导刊，2024，15（15）：84-88.

42. 王泽红．新媒体环境下高校思政教育优化策略研究 [J]．新闻研究导刊，2024，15（15）：171-176.

43. 满强．新媒体背景下高校思政教育内容创新与传播机制探究 [J]．新闻研究导刊，2024，15（15）：177-181.

44. 郭锋．新媒体时代高校思政教育实效性提升策略探究 [J]．新闻研究导刊，2024，15（15）：187-191.

45. 范艳香．关于运用新媒体推进高校思政课教学改革的思考 [J]．新闻研究导刊，2024，15（15）：41-45.